Mein Leben mit Glasknochen

Silvia Rottmar

Meine Knochen brechen wie Glas, aber mein Glück ist ungebrochen!

Mein Leben mit Glasknochen

Engelsdorfer Verlag
2006

Bibliografische Information durch
Die Deutsche Bibliothek:
Die Deutsche Bibliothek verzeichnet diese Publikation in der
Deutschen Nationalbibliografie; detaillierte bibliografische
Daten sind im Internet über http://dnb.ddb.de abrufbar.

ISBN 978-3-86703-042-7
ISBN 3-86703-042-1
Copyright (2006) Engelsdorfer Verlag

Alle Rechte beim Autor

Hergestellt in Leipzig, Germany (EU)
www.engelsdorfer-verlag.de

10,60 Euro (D)

Inhaltsverzeichnis

Vorwort 7

Was ist OI 10
Kindheit 13
Schulzeit 28
Ausbildungszeit 41
Der Topf findet seinen Deckel 46
Die 1. humangenetische Beratung 50
Nichts Gutes im Schilde, die Schilddrüse macht Probleme . 57
Endlich schwanger 61
Unser Baby 66
Die unendliche Kreuzbandgeschichte 69
Mr. X 77
Unser Krümelchen 81
Angst und Panik 85
Die 3. Schwangerschaft 87
Ein echter Wirbelwind 94
Die unendliche Kreuzbandgeschichte, Teil II 101
Die Zukunft 118
Zum Schluss 121
Danke 124
Glossar 127
Arztadressen 134
Literaturhinweise 146

Vorwort

Glück gehabt!!! Gebrochen zu sein, scheint nichts. In Gedanken gehe ich alle Knochen einzeln durch, bewege vorsichtig Arme und Beine, aber ich hatte wirklich Glück gehabt.

Als ich ins Stolpern geraten bin, dachte ich mir schon, dass ich mich nicht mehr halten kann und stürzen werde. Ich weiß noch nicht einmal, über was ich gestürzt bin. Vielleicht war es ein kleiner Stein oder eine Unebenheit auf dem Bordstein. Bei jedem Sturz mache ich dieses „Programm" durch. Es ist überhaupt erstaunlich, wie viele Gedanken man hat, bis man beim Fallen auf dem Boden ankommt. Das fängt an bei „Mist, das geht nicht gut.", „Hoffentlich kein Beinbruch!", „Wie lange werde ich auf den Krankenwagen warten müssen?", bis „Wohin mit meiner kleinen Tochter, wenn ich im Krankenhaus liegen muss.

Jetzt aber schnell aufstehen, bevor noch alle anderen Leute aufmerksam werden. Na toll, da es den ganzen Tag schon geregnet hat und die Straße nass ist, schmückt meine Hose nun auch noch ein ziemlich großer Schmierfleck. Die Sachen, die ich gerade eingekauft hatte, habe ich automatisch beim Fallen hochgehalten, dabei waren die völlig unwichtig.

So, langsam habe ich mich aufgerappelt und nun stehe ich endlich wieder und teste erst einmal vorsichtig, ob ich überhaupt noch auftreten kann. Beim Gehen merke ich ein leichtes Ziehen im Kniegelenk. Na ja mit einer Zerrung kann ich zufrieden sein, die Hauptsache ist, dass nichts gebrochen ist. Zitternd vor Schreck und wahrscheinlich weiß, wie die Wand, aber auch erleichtert, dass doch nichts gebrochen ist, gehe ich nach Hause. Dort versorge ich das Knie erst einmal mit einer Salbe gegen Prellungen und Zerrungen, die ich immer im Vorrat da habe und einem Eisbeutel, der auch immer schon im Eisfach bereitliegt, und lege das Bein hoch. Sollten die Schmerzen dennoch länger anhalten, werde ich wohl doch noch zur Kontrolluntersuchung zu meinem Orthopäden gehen müssen. So oder so werde ich wieder mindestens vierzehn Tage mit dieser Prellung zu kämpfen haben, aber erst einmal, versuche ich ohne Arzt klarzukommen.

In der Nacht schrecke ich mehrmals hoch, da ich von dem Sturz träume. Ich sehe mich fallen und wenn ich auf dem Boden ankomme, schrecke ich zusammen und davon wache ich dann auf. Ich traue mich schon gar nicht mehr wieder einzuschlafen, da dieser Traum sicher noch ein paar Mal wieder kommt.

Du fragst dich jetzt sicher, warum ich einen Sturz so besonders beschreibe. Du hast bestimmt auch schon einmal einen Sturz erlebt, du bist aufgestanden, hattest vielleicht auch eine Prellung oder Zerrung und eine schmutzige Hose, aber du hast das Ganze nach kurzer Zeit wieder vergessen. Wenn du aber ebenfalls Glasknochen hast, wirst du dich sicher nicht darüber wundern. Es wird dir wahrscheinlich sehr bekannt vorkommen. Für mich und natürlich für alle anderen Glasknochenbetroffene bedeutet so ein Sturz = Gefahr!

Ich bin übrigens Silvia Rottmar, 40 Jahre alt; verheiratet, ein Kind (alles Mädchen) und lebe mit meiner Familie in Dortmund. Seit meiner Geburt leide ich unter der Erbkrankheit Osteogenesis imperfekta, kurz OI oder Glasknochen genannt.
Leiden kann man so eigentlich nicht sagen, da diese Erkrankung zu meinem Leben gehört und ich es nicht anders kenne.

Ein Leben mit OI bedeutet, dass ich seit meiner Geburt über 100 Knochenbrüche hatte. Eine genaue Zahl weiß ich nicht, da meine Eltern nach dem 100. Knochenbruch aufgehört haben zu zählen.

Ich habe noch eine ein Jahr jüngere Schwester, die ebenfalls von der OI betroffen ist. Vererbt bekommen haben wir die OI von unserem Vater. Der wiederum hat sie von seiner Mutter vererbt bekommen und von seinen acht Geschwistern sind ebenfalls drei Geschwister betroffen.

Was ist OI?

Einfach erklärt, lässt sich die Osteogenesis imperfekta am besten mit „unvollkommene Knochenbildung" übersetzen. Der Name Glasknochen ist aufgrund von röntgenologischen Untersuchungen entstanden. Das heißt, dass die Knochen auf Röntgenbildern dünn und glasartig erscheinen. Bei der Osteogenesis imperfekta handelt es sich um eine Krankheitsgruppe, deren gemeinsames und zugleich auffälligstes Merkmal eine vermehrte Neigung zu Knochenbrüchen ist. Es handelt sich um eine seltene erbliche Störung des Bindegewebes, bei der die Produktion von Kollagen im Körper fehlerhaft ist. Kollagen ist das wichtigste Protein zum Aufbau des Bindegewebes im Körper und kann mit einem Gerüst verglichen werden, das man um ein Gebäude herum errichtet. Bei OI produziert der Betroffene entweder weniger Kollagen als normal oder Kollagen von minderwertiger Qualität. Das führt dazu, dass die Knochen spröde sind und leicht brechen.

Die OI kann ganz unterschiedliche Schweregrade und Häufigkeiten der Brüche aufweisen. Es gibt etwa 4000 bis 6000 Betroffene in Deutschland.

Früher gab es nur eine Unterteilung in zwei Formen. 1. die leichte Form und 2. die schwere Form, bei der die Kinder schon mit Knochenbrüchen auf die Welt kommen. Seit 1979 gibt es aber eine Einteilung in vier Gruppen. Die genaue Einteilung findest du am Ende dieses Buches, im Kapitel der medizinischen Begriffe, beschrieben.

Bei mir handelt es sich um den OI-Typ 1. Bei der identifizierten Mutation von mir, handelt es sich um eine in der Literatur bisher nicht beschriebenen Mutation.

Eine Heilungsmöglichkeit gibt es bis heute nicht und es gibt auch noch kein sicheres Medikament das wirkt. Getestet wird zurzeit eine Bisphosphonat-Therapie, bei der Bisphosphonate durch eine intravenöse Infusion verabreicht werden. Die Bisphosphonate sollen die Tätigkeit von Zellen hemmen, die im Rahmen des stetig stattfindenden Knochenumbaus, für den Abbau von Knochensubstanz zuständig sind. Durch diese Behandlung soll sich die Knochendichte erhöhen und die Knochen stabiler werden.

Leider gibt es kaum veröffentlichte Daten über diese Therapiemöglichkeit. Da es diese Therapie noch nicht lange gibt, gibt es auch noch keine Langzeitstudien über die Wirkung. Durch das Internet habe ich ein paar Eltern kennengelernt, deren Kinder mit dieser Therapie behandelt werden. Bis jetzt habe ich nur Positives von ihnen gehört.

Im Bereich der Zellforschung gibt es erste Versuche, Knochenzellen genetisch zu verändern. Es wird angestrebt, bei Zellen, die sich im Bildungsstadium befinden, den genetischen Code dahingehend zu verändern, dass sie als gesunde Knochenzellen gesundes Kollagen bilden. Diese Versuche stehen jedoch noch ganz am Anfang.

Seit einigen Jahren besteht die Möglichkeit, die Knochen mit Teleskopnägeln zu versorgen. Diese Nägel werden in den Knochen gebracht und wachsen mit, d. h. sie ziehen sich beim Wachstum teleskopartig auseinander. Durch diese Nägel soll der Knochen gestützt werden und Deformierungen vorgebeugt werden.

Das Wichtigste ist jedoch eine kräftige Muskulatur, die die Knochen stützen kann und die außerdem Skelettveränderungen vorbeugen kann. Diese muss trotz der Knochenbruchgefahr immer wieder gekräftigt werden. Eine gute Möglichkeit ist hier Krankengymnastik und Bewegungsbäder (Schwimmen). Gerade im Wasser fallen die Übungen viel leichter und sind auch nicht so schmerzhaft.

Der natürliche Verlauf der Krankheit ist so, dass die Knochenbrüchigkeit in den meisten Fällen, mit Eintritt der Pubertät nachlässt. Dies erklärt sich daraus, dass der Körper im Wachstum mehr Knochenmasse produzieren muss. Durch den Kollagendefekt können die Knochen aber nicht die nötige Stärke bekommen und sind brüchig. Wenn das Wachstum abgeschlossen ist, wird nicht mehr so viel neue Knochensubstanz benötigt. Vom Körper muss nur noch so viel Knochensubstanz gebildet werden, dass die vorhandene Knochenmasse aufrechterhalten wird. Dadurch nimmt die Anzahl der Knochenbrüche dann stetig ab. Dies war auch bei mir der Fall.

Mit Beginn der Wechseljahre, kann es durch die Hormonveränderung, dann aber wieder zu vermehrten Knochenbrüchen kommen. Ich hoffe, dass die Medizin, bis es bei mir so weit ist, ein Mittel dagegen gefunden hat.

Kindheit

In meiner Kindheit gab es so gut wie keine Informationen, weder in fachlicher noch in gesellschaftlicher Hinsicht über die OI und so standen meine Eltern auch ziemlich alleine da, mit ihren beiden OI-Kindern und so wurden meine Eltern erst nach der Geburt meiner Schwester über die Glasknochenkrankheit aufgeklärt. Mein erster Knochenbruch kam dadurch auch für meine Eltern sehr überraschend. Im Alter von neun Monaten hatte ich meinen ersten Knochenbruch. Ich habe auf der Couch gesessen und gespielt und nach einem Spielzeug das vor mir lag gegriffen, da hat es plötzlich ganz laut geknackt. Ich habe furchtbar geschrien und keiner wusste genau, was mir fehlte. Meine Mutter dachte zuerst, dass ich mir die Wirbelsäule verrenkt habe, da ich mich so komisch nach vorne gebeugt hatte. Sie ist sofort mit mir ins Krankenhaus gegangen und dort hat sich dann herausgestellt, dass es sich um einen Oberschenkelbruch handelte.

Nach diesem Knochenbruch ließen die nächsten Knochenbrüche auch nicht lange auf sich warten und von da an ging es nun im Wechsel mit meiner Schwester, mit immer neuen Knochenbrüchen ins Krankenhaus.

Die Diagnose OI stand nun fest. Zum Glück war die OI in unserer Familie schon bekannt, denn es kommt nicht selten vor, dass die Eltern zunächst der Kindesmisshandlung beschuldigt werden. Bis die richtige Diagnose gestellt wird, kann es lange dauern und ich habe schon von Fällen gehört, bei denen den Eltern die Kinder durch das Jugendamt weggenommen wurden.

Die Art wie meine Knochenbrüche entstanden sind, war sehr unterschiedlich. Oft reichte es schon aus, wenn wir uns irgendwo gestoßen haben, aber es ist auch passiert beim plötzlichen Anspannen der Muskeln, bei unvorsichtigen

Bewegungen oder einfach nur durch Übermüdung und schon hatten wir wieder einen neuen Knochenbruch. Ich kann mich daran erinnern, dass ich einmal mit meinem Vater herumgealbert habe. Ich habe mit meinem Bein immer seine Hand weggetreten. Nach einigen Malen hat er dann gesagt, jetzt ist aber Schluss. Ich habe es aber trotzdem noch einmal gemacht und da hat es dann laut geknackt. Die Folge war ein Oberschenkelknochenbruch. Diese so genannten Spontanfrakturen, d. h. Knochenbrüche, die ohne Einwirkung von außen entstanden sind, waren übrigens die häufigsten Knochenbrüche, die wir hatten. Ich weiß auch noch, dass mich, wenn ich mal wieder einen Knochenbruch hatte, niemand außer mein Vater anfassen durfte. Warum weiß ich auch nicht, vielleicht lag es daran, dass er selber betroffen ist und die Schmerzen am besten kannte und so am ehesten ein Gefühl dafür hatte, wie er uns hochheben musste.

Ein anderes „Brucherlebnis" war folgendes: Ich wurde morgens, nach 6 Wochen Krankenhausaufenthalt, aus dem Krankenhaus entlassen und die Ärzte haben meinen Eltern gesagt, ich soll ruhig alles machen, was ich machen möchte, auch laufen sei kein Problem. Also durfte ich machen, was ich wollte. Ich bin aufgestanden und bin, mit festhalten, um den Tisch rumgelaufen. Dann war ich müde und wollte mich wieder auf den Boden setzen.
Dabei ist mein Bein am Teppich hängen geblieben und da ich mich nicht mehr halten konnte, gab es dann nur noch ein lautes Knacken und das Bein war wieder gebrochen. So kam ich dann am gleichen Abend wieder ins Krankenhaus rein.

Einmal, als ich mal eine längere bruchfreie Zeit hatte, konnte ich schon etwas laufen. So, kam ich auf einmal auf die Idee „Häschen hüpf" zu spielen. Ein paar Mal klappte es mit dem Hüpfen sogar und noch bevor meine Eltern mich stoppen konnten, knallte ich mit einem Knochenbruch wieder runter.

Trotzdem, auf die paar Mal hüpfen, war ich unglaublich stolz.

Auch beim Aufräumen habe ich mir mal meinen Ellenbogen gebrochen. Damals noch auf Knien rutschend, bin ich über einen Schuhkarton, den wir zum Murmelspielen hatten, gefallen und so blöde aufgekommen, dass mein rechter Ellenbogen gebrochen war. Der Bruch war so kompliziert, dass er mit einem Draht versorgt werden musste und zur Erinnerung habe ich an dieser Stelle noch heute eine Narbe.

Ich kann mich auch noch an ein „Brucherlebnis" mit meiner Mutter erinnern. Meine Eltern hatten damals einen Schreibwarenladen. Meine Mutter musste dringend noch etwas einkaufen und ist nur kurz in den gegenüberliegenden Tante-Emma-Laden gegangen. Ich habe hinter der geschlossenen Ladentür gestanden, um zu sehen, wann sie zurückkommt. Ich habe aber so ungünstig gestanden, dass sie mich von außen nicht sehen konnte. Als sie die Türe aufgemacht hat, bin ich dadurch gefallen und habe mir einen Oberschenkelbruch zugezogen.

Komisch, als ich nun so überlegt habe, in welchen Situation ich mir eigentlich die Knochen gebrochen habe, sind mir nur sehr wenige richtig in Erinnerung geblieben. Vielleicht ist es eine Schutzfunktion des Körpers, dass man auch viele Dinge vergisst, um sich nicht mehr an den Schmerz zu erinnern.

Die meisten Knochenbrüche sind kurz vor Weihnachten passiert und wir mussten dann auch noch zittern, ob wir Weihnachten überhaupt zu Hause sein konnten. Meistens durften wir dann aber wenigstens Heiligabend nach Hause und mussten dann erst am ersten oder zweiten Weihnachtstag wieder zurück ins Krankenhaus. Auch heute noch habe ich an den Tagen kurz vor Weihnachten, ein ziemlich starkes Angstgefühl, dass mir etwas passieren könnte, und achte

noch mehr darauf mir keinen Knochen zu brechen. Meistens ist es ja so, dass wenn man besonders darauf achtet, erst recht etwas passiert und so habe ich auch schon oft genug mit irgendwelchen Zerrungen, Prellungen oder Verstauchungen unter dem Weihnachtsbaum gehockt. Besonders gut kann ich mich hierbei noch an eine Steißbeinprellung, wahrscheinlich sogar Steißbeinbruch, erinnern. Ich wollte meinem Mann noch ein Weihnachtsgeschenk besorgen und bin zusammen mit einer Freundin in ein Kaufhaus gegangen. Da es draußen geregnet hatte und der Boden im Geschäft, durch die nassen, tropfenden Regenschirme auch schon ziemlich nass war, bin ich gleich im Eingangsbereich ausgerutscht und ziemlich unsanft auf meinem Steißbein gelandet. Da ich vor Schmerzen kaum noch laufen konnte, hat mich meine Freundin sofort zu meinem Orthopäden, der seine Praxis in der Nähe hat, gebracht. Die Praxis war, wie immer, ziemlich voll und da ich ja keinen Termin hatte, wurde ich gleich mit den Worten: „Das kann aber etwas dauern, gehen sie doch so lange noch etwas spazieren." empfangen. Ich dachte nur, das würde ich ja gerne, wenn ich könnte und wenn ich könnte, wäre ich gar nicht hier. Ich habe der Arzthelferin erklärt, dass ich kaum laufen kann und deshalb ja gekommen bin. Sie schlug mir dann vor, mich doch dann so lange ins Wartezimmer zu setzen. Mich s e t z e n ??? Alles, nur nicht sitzen!!! Liegen wäre ja eventuell noch gegangen, aber dafür war keine Liege frei und die Arzthelferin hatte endlich Mitleid und hat mich vorgezogen. Da man bei einem Steißbeinbruch nicht viel machen kann, hat der Arzt auf ein Röntgenbild verzichtet, aber dem Schmerz nach zu urteilen, war es bestimmt doch ein Steißbeinbruch. Wer sich das Steißbein schon einmal gebrochen hat, der weiß, was das für Schmerzen sind und vor allem, bei welchen Bewegungen, man diese Stelle merkt.
Bei so ziemlich jeder Bewegung nämlich und sogar wenn ich jetzt daran zurückdenke, kann ich die Stelle noch spüren.

Das Weihnachtsfest habe ich dann, halb liegend auf einem weichen Schaumstoffring verbracht und konnte kaum etwas machen. Das Schlimmste war für mich, dass ich den Tannenbaum weder selber aussuchen, noch selber schmücken konnte und dies meinem Mann überlassen musste. Den ersten Krach hatten wir schon, als mein Mann mit dem guten Stück nach Hause kam. Na ja, es muss ja auch einer die naturgewachsenen Bäume kaufen. Ich weiß nicht, wie oft er den Baum drehen musste, bis er überhaupt einigermaßen gerade stand. In diesem Jahr haben wir dann auch gleich festgestellt, dass wir zwei unterschiedliche Weihnachtsbaumschmücker sind. Während ich eher dafür sorge, dass das Verhältnis zwischen Weihnachtskugeln, Lametta, Lichterketten usw. gleichmäßig im Baum verteilt ist, ist mein Mann so ein Hauptsachedaszeugistdrin-Typ. So sah der Baum dann auch aus. Die Lichterkette leuchtete die linke Baumhälfte supertoll aus, hatte dafür aber nur drei Kugeln. Die rechte Baumhälfte hatte dafür wahnsinnig schöne Kugeln, aber keine Beleuchtung. Hätte es an diesem Tag die Möglichkeit der Schnellscheidung gegeben, wäre ich sicher hingegangen. Irgendwann war der Baum aber doch noch toll geschmückt und wir haben doch noch ein sehr harmonisches Weihnachtsfest verbracht. Ein paar Wochen später, gab es sogar noch 1.000,- DM Schmerzensgeld vom Kaufhaus. Das Kaufhaus hat inzwischen den Bodenbelag im Eingangsbereich geändert. Wahrscheinlich war ich hier nicht die Einzige, die dort ausgerutscht ist.

Mit der Einlieferung ins Krankenhaus haben meine Schwester und ich wirklich alle möglichen Varianten durchgemacht.
Hier ein paar Beispiele: Ich kam morgens aus dem Krankenhaus und ging abends mit einem neuen Knochenbruch wieder rein, oder einer von uns kam morgens raus und der andere ging abends rein. Häufig hatten wir auch den Fall, dass einer von uns im Krankenhaus war und kurze Zeit (viel war ein

paar Tage) später machte die Krankenschwester die Türe auf und sagte ganz begeistert: „Ich habe hier jemanden für dich." Der schlimmste Fall war, als ich am Entlassungstag nicht aus dem Krankenhaus kam, weil ich dort aus dem Bett gefallen bin und mir wieder einen neuen Knochenbruch zugezogen habe.

Dazu kam, dass der Krankenhausaufenthalt damals noch weit unangenehmer war, als er heute ist. Ich kann mich noch daran erinnern, dass es damals nur sehr kurze Besuchszeiten gab, die auch sehr streng kontrolliert wurden. Ich kann mich auch noch an einen Krankenhausaufenthalt erinnern, bei dem ich gar keinen Besuch im Zimmer haben durfte und meine Eltern durften nur mit einem Telefon vom Balkon aus mit mir telefonieren. Ich war damals noch sehr klein und es war einfach schrecklich. Du siehst deine Eltern und kannst sie noch nicht einmal umarmen. Damals gab es leider noch nicht die Möglichkeit, dass die Eltern im Krankenhaus im gleichen Zimmer mit den Kindern übernachten durften.

Immer wenn Besuchszeit war, habe ich genau auf die Schritte der Besucher geachtet. Den „Klackerschritt" von meiner Mutter hätte ich unter Tausenden erkannt. Da mich meine Eltern damals, erst nach Feierabend ihres Schreibwarenladens besuchen konnten, wurde es meistens erst 19.00 Uhr, bis sie da sein konnten. Dies ist für ein Kind eine ziemlich lange Wartezeit. Ich fand es immer besonders schlimm, wenn die anderen Kinder stundenlang mit ihren Eltern spielten und meine Eltern erst so spät kamen und dann auch nicht mehr so lange bleiben konnten. Auch heute ist es noch so, dass ich im Krankenhaus auf die Schritte der Besucher achte und den Schritt von meiner Mutter erkenne ich immer noch.

Vom Krankenhauspersonal wurde man immer freudig begrüßt und jeder kannte einen. Hallo Silvia, na auch mal wieder da? Was hast du denn wieder gemacht? Oft kam man sich aber auch wie ein Außerirdischer vor, der gerade von einem anderen Stern gelandet ist. Man wurde von jedem erst mal genau begutachtet und jeder wollte den „Außerirdischen" sehen. Da diese Krankheit damals kaum bekannt war, war es für die Ärzte natürlich auch etwas Besonderes so einen „Lebendfall" einmal vor sich zu haben. Besonders beliebt war unter den Ärzten auch der Test, den der Oberarzt mit seinen Assistenzärzten, am „Lebendobjekt", durchführte. Der Assistenzarzt durfte raten, mit welcher Art von Krankheit er es hier zu tun hat. Der Oberarzt hat auch gerne Tipps gegeben, wie z. B.: „Schauen sie der Patientin mal genau in die Augen". Bei OI-Betroffenen ist das Augenweiß, die Skleren, bläulich. Es war also schon ein sehr heißer Tipp.

Ich fand es immer schrecklich und zum Glück ist es heute, da die Krankheit doch schon etwas bekannter ist und die meisten Ärzte zumindest schon mal von der Krankheit gehört haben, nicht mehr so schlimm. Vorkommen tut es aber trotzdem noch ab und zu. Als ich vor ein paar Jahren wegen Schilddrüsenbeschwerden im Krankenhaus zur Beobachtung lag, hat mich ein Arzt mit zum Unterricht von seinen Schwesterschülerinnen genommen. Dort war ich natürlich eine Attraktion, denn so ein spannenden Krankheitsfall hatten sie wohl noch nicht zu sehen bekommen. Manchmal fand ich diese Begutachtungen lustig, aber manchmal gingen sie mir auch tierisch auf die Nerven. Es kam immer ganz auf die eigene Gemütsverfassung an.
Bei jedem Krankenhausaufenthalt lag man ca. sechs Wochen im Krankenhaus. Diese Zeit hing man in einem Streckverband mit den Beinen nach oben in seinem Bett. Die Beine wurden durch Gewichte gehalten und sollten bewirken, dass die Knochen gerade zusammenwachsen. Besonders unangenehm war, dass wir die ganze Zeit nur auf dem Rücken liegen konnten. Durch das ständige Rückenliegen waren wir dann auch noch oft wund gelegen.

War es gerade Winter, hat man in dieser Lage ziemlich gefroren, da man sich nicht richtig zudecken konnte. Im Sommer dagegen schwitzte man mit den dicken Verbänden umso mehr.

Dieser Streckverband sah so aus:

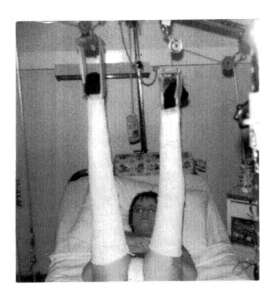

Ich weiß gar nicht, ob diese Behandlungsmethode auch heute noch angewandt wird. Ich kann mich aber noch sehr gut daran erinnern. Die Gewichte wurden unter Narkose angebracht und hinterher auch unter Narkose wieder abgenommen. Die Narkose war damals sehr unangenehm und ist mit den heutigen Narkoseverfahren nicht zu vergleichen. Sie wurde über eine schwarze Maske (sehe ich vor mir) mit einem schrecklichen Äther Geruch verabreicht. Nach der Narkose war mir so schlecht, dass ich mich meistens mehrmals übergeben musste und ich hatte noch tagelang danach den Narkosegeruch in der Nase. Auch heute ist es noch so, dass mir, sobald ich etwas rieche, dass auch nur einen ähnlichen Geruch wie Äther hat, schlecht wird. Wir hatten mal einen Scheibenreiniger fürs Auto und immer wenn wir den benutzt haben, wurde mir richtig schlecht. Besonders schlimm ist es aber, wenn ich heute ein Krankenhaus betreten muss. Ich bekomme dann kaum Luft und mein Hals ist wie zugeschnürt. Deshalb vermeide ich es möglichst auch, Krankenbesuche zu machen.

Nachdem der Streckverband endlich entfernt wurde, gab es danach für weitere 6 Wochen einen Liegegips, in Form eines Beckengipses. In diesem Gips war das gebrochene Bein vollständig eingegipst, das andere Bein bis zum Knie und das Becken komplett. Die Beine waren durch eine Art Steg miteinander verbunden. Dieser diente als eine Art Griff um uns daran anzuheben, wenn wir auf die Bettpfanne gehoben werden mussten, da wir ja nicht zur Toilette gehen konnten. Dieses war allerdings eine sehr ekelige Angelegenheit, denn durch die starren Beine ging mehr neben die Bettpfanne, als in die Bettpfanne. Da Gips Flüssigkeit sehr gut aufnimmt, entstand schon nach kurzer Zeit ein sehr unangenehmer Geruch.

Selten hatten wir Glück, dass wir nur so einen einfachen Knochenbruch hatten, dass ein einfacher Gehgips ausreichte. Wir waren zwar nicht in der Lage damit zu laufen, aber immerhin konnten wir damit wenigstens sitzen. Wie man aber auf dem nachfolgenden Foto sehen kann, konnten wir damit nur auf einer Stelle sitzen bleiben und konnten uns nicht alleine fortbewegen.

Das Blöde daran war, dass wir uns noch nicht einmal, unser Spielzeug selber holen konnten. So mussten wir uns ein Teil zum spielen aussuchen und wenn wir etwas anderes spielen wollten, mussten wir erst unsere Eltern rufen, damit die uns dann etwas anderes zum spielen geben konnten. Waren die gerade nicht in der Nähe, mussten wir so lange warten, bis sie wieder da waren. Da der Schreibwarenladen meiner Eltern auch in dem Haus war, in dem wir wohnten, waren sie zum Glück meistens nicht weit weg. Trotzdem konnte es passieren, dass meine Mutter z. B. gerade einkaufen war und mein Vater alleine im Laden war und dadurch nicht sofort jemand kommen konnte. Dann mussten wir warten bis sie wieder da war. Ganz schlimm war es, wenn einer von uns zur Toilette musste. Alleine gehen, ging ja auch in diesem Fall nicht. Für diesen Fall hatten wir dann eine Bettpfanne am Bett, die wir später auch alleine benutzen konnten. Besonders schlimm fand ich immer die Wochenenden. Da meine Eltern ja die ganze Woche früh aufstehen mussten, waren sie froh, wenn sie dann sonntags einmal richtig ausschlafen konnten. Wir waren weniger froh, denn wir konnten dann auch nicht früher aufstehen, da wir nicht alleine aus unserem Bett kamen. So lagen wir oft Stunden lang wach in unseren Betten und warteten darauf, dass unsere Eltern endlich aufstehen.

Da man als Kind ein anderes Zeitgefühl hat, kam es mir immer wie eine Ewigkeit vor. Noch schlimmer war es, wenn wir dann auch noch Hunger hatten, denn auch an den Kühlschrank kamen wir nicht alleine dran, um uns ein Brot zu machen. Die Zeit mit Fernsehen, oder mit einem Spielzeug zu überbrücken ging ebenfalls nicht, da wir nichts holen konnten. Dadurch haben wir eins schon sehr früh gelernt, nämlich Geduld zu haben. Die meiste Zeit beschäftigten wir uns mit Puzzlespielen und anderen ruhigen Spielen. Ich konnte mich z. B. stundenlang mit einem Ministeckspiel beschäftigen. Außerdem habe ich in dieser Zeit sehr viel gemalt und gelesen. Da wir nicht alleine nach draußen konnten, hatten wir auch keinen Kontakt zu anderen Kindern. Von unserem Kinderzimmer aus konnten wir sie draußen toben hören und hätten zu gerne auch dort mitgemacht, aber dies war ja leider nicht möglich. Wir konnten die Kinder noch nicht einmal sehen, da wir alleine nicht aus dem Fenster sehen konnten. So konnten wir nur versuchen zu erahnen, was draußen passierte.

Einmal haben meine Schwester und ich es aber geschafft an das Fenster zu kommen. Wir hatten in unserem Zimmer eine alte Schlafcouch stehen und die stand direkt unter unserem Kinderzimmerfenster. Da es gerade Sommer war, hatte meine Mutter das Fenster in unserem Zimmer weit geöffnet, damit etwas Luft reinkommt. Wir hörten von draußen fröhliches Kinderlachen und das hatte uns neugierig gemacht. Irgendwie haben wir es geschafft von der Couch auf die Fensterbank zu gelangen und so haben wir es uns da erst einmal gemütlich gemacht. Füße nach draußen, Po auf der Fensterbank und das alles in der zweiten Etage! Wir fanden es klasse, endlich konnten wir etwas sehen. Wir haben ein Nachbarskind wiedererkannt, das wir schon mal gesehen haben und so riefen wir fröhlich: „Huhu Marina!" Unser toller Ausflug wurde dann plötzlich je unterbrochen, als unsere Mutter ins Zimmer rauschte und uns von der Fensterbank holte. Wir bekamen beide den Po verhauen und mussten sofort ins Bett gehen. Wir haben die Welt nicht mehr verstanden und waren uns überhaupt keiner Gefahr bewusst. Stattdessen hassten wir die Kundin unserer Eltern, die uns im Fenster gesehen hatte und unsere Eltern benachrichtigt hatte. Die sollte was erleben, uns zu verraten! Was wussten wir allerdings auch nicht, da wir ja nichts machen konnten.

Hatten wir mal gerade kein Gipsbein, sind wir in der Wohnung auf dem Po oder auf den Knien über den Fußboden rumgerutscht, um uns so selbstständig fortzubewegen. Hierin waren wir auch sehr schnell und konnten uns so gut fortbewegen. Da unsere Wohnung einen langen Flur hatte, haben meine Schwester und ich oft ein Wettrutschen gemacht.

Laufen konnten wir zu dieser Zeit überhaupt nicht und mussten ständig getragen werden. Stehen konnten wir erst viel später und das ging dann auch nur mit festhalten und auch nur für eine sehr kurze Zeit. Dies kann man hier auf dem Foto sehen.

Auf diesem Foto sieht man, dass ich nur mit Festhalten stehen konnte. Meine Schwester konnte da noch gar nicht stehen.

Ein ganz besonderes Erlebnis und auch so ziemlich die einzige Abwechselung war für uns in dieser Zeit immer der

Besuch meiner Oma und meinem Opa. Leider wohnten sie nicht in der Nähe und hatten auch kein Auto, so das sie meistens nur zu den Feiertagen, wie Weihnachten oder Ostern zu uns kamen. Sie haben dann bei uns mit im Kinderzimmer geschlafen und Omi, brachte immer einen riesen Berg Schokolade, Chips und kleine Saftflaschen mit. Abends ist sie immer etwas früher, als mein Opa und meine Eltern ins Bett gekommen und wir haben dann mir ihr „Mitternachtspartys" gefeiert. Wir sind zu ihr ins Bett gekrabbelt und haben uns bei ihr versteckt und zusammen haben wir dann all die leckeren Sachen gegessen. Es war ziemlich aufregend, denn es sollte ja keiner etwas von unseren Partys erfahren und so lauschten wir immer, ob sich Opa auch auf den Weg ins Bett macht. So bald wir etwas hörten, huschten wir schnell wieder in unsere Betten und taten so, als ob wir schlafen. Jedes Mal wenn sie wieder nach Hause fahren mussten, gab es einen ziemlich tränenreichen Abschied.

Ein anderes besonderes Erlebnis war auch immer der Besuch bei meiner Tante und meinem Onkel in Krefeld. Sie hatten ein Haus mit großem Garten und ganz vielen Blumenkästen vor den Fenstern und das war damals schon alleine etwas Besonderes für mich und mit unserer Stadtwohnung nicht zu vergleichen. Da ich so etwas nicht kannte, hat mich das so beeindruckt, dass ich noch lange nach unserem Besuch dort, ständig Bilder von Häusern mit Blumenkästen gemalt habe.

Als ich ca. 10 Jahre alt war, haben wir sie einmal besucht und meine Schwester und ich wurden auf eine riesen große Schaukel (wahrscheinlich kam sie aber nur uns so groß vor) im Garten gesetzt und haben so das erste Mal in unserem Leben geschaukelt. Mir ist dabei richtig schlecht geworden. Entweder habe ich dabei zu viel Sauerstoff eingeatmet, oder mir ist vom Schaukeln schlecht geworden, weil ich so etwas überhaupt nicht kannte.

Zwei „Rutschfotos" von meiner Schwester und mir.

War mal eine bruchfreie Zeit da, haben wir zwischendurch immer wieder versucht zu stehen oder zu laufen. Dies war sehr anstrengend und so war Stehen immer nur für kurze Zeit möglich. Die Muskeln waren einfach zu schwach. Durch das ständige Knie rutschen sahen unsere Knie und unsere Strumpfhosen auch dementsprechend aus. Bei mir war es sogar so schlimm, dass sich Wasser in den Knien gebildet hatte und sich eine Hornhaut gebildet hat. Meine Kniescheibe sitzt heute viel zu hoch und nicht an der richtigen Stelle, was wahrscheinlich auch eine Folge des Knierutschens ist.

Schulzeit

Mit 6 Jahren kam ich in die Vorschulklasse einer Schwerbehindertenschule. Hier bekam ich meinen ersten Rollstuhl. Es wurden besondere Vorsichtsmaßnahmen getroffen, um hier Knochenbrüche zu vermeiden. Es wurde mittags immer eine Ruhezeit eingehalten, bei der sich alle Kinder hinlegen mussten. Ich musste in dieser Ruhezeit alleine in einem anderen Zimmer liegen. Die Lehrer hatten Angst, dass die anderen Kinder zu wild sind und mir dadurch etwas passieren könnte. Später durfte ich mir wenigstens immer ein Kind aussuchen, dass bei mir bleiben durfte. Hier hatte ich ein Lieblingskind, einen Jungen der nur Blödsinn im Kopf hatte und den alle Mädchen toll fanden. Einige waren ganz schön eifersüchtig auf mich. Da der Lehrer meistens die anderen Kinder beaufsichtigt hat, konnten wir dann die ganze Zeit quatschen und kichern. Geschlafen haben wir auf jeden Fall nicht. Trotzdem kam es auch hier, trotz der ganzen Vorsichtsmaßnahmen, zum Knochenbruch.

Meine Freundin von damals, mit der ich immer noch (seit über 34 Jahren) befreundet bin, erzählt die Geschichte noch heute. Ich habe im Rollstuhl am Tisch gesessen und sie wollte mich wegschieben. Sie hat mich gefragt, ob ich mit meinem Spiel fertig bin und ich habe ja gesagt. In dem ich ja gesagt habe, bin ich auch schon aus dem Rollstuhl gefallen. Die Folge war ein Armbruch und meine Freundin war durch den Schock mehrere Tage krank. Mittlerweile können wir aber über diese Geschichte lachen.

Später in der Schulzeit war es auch nicht viel besser. In den Pausen musste ich alleine im Schulgebäude bleiben und durfte nicht mit auf den Schulhof. Die Lehrer haben mich vor die Schuleingangstüre geschoben und so konnte ich die Kinder, nur durch die Scheibe, beim Spielen beobachten. Darüber war ich sehr traurig und ich hätte zu gerne mitgemacht. Nach zwei Jahren wurde diese Schule geschlossen und die Kinder wurden in verschiedene Schulen aufgeteilt. Leider wurden meine Freundin und ich auch getrennt und so kamen meine Schwester und ich auf eine Körperbehindertenschule in Bochum. Dort gefiel es mir wesentlich besser, da ich viel mehr machen durfte. Es handelte sich um eine Art Ganztagsschule und so hatten wir dort auch Freizeitangebote wie z. B. Kochen und Basteln. Krankengymnastik wurde ebenfalls dort gemacht. Einmal im Jahr kam dort ein Schularzt, der sich die Kinder angesehen hat, um die Krankengymnastik zu verordnen. Ich konnte ihn überhaupt nicht leiden und seinen Namen weiß ich bis heute noch. Er kam eines Tages auf die Idee, dass wir doch das Fallen lernen sollten. Wahrscheinlich hätten wir solche Hechtrollen lernen sollen, wie die Sportler gerne mal machen. Meine Eltern wurden deshalb zur Schule bestellt und waren total entsetzt, als sie von dieser Idee hörten und lehnten diese Übungen ab. Trotzdem hatte ich immer Angst davor, dass die Krankengymnastin doch noch mit solchen Übungen anfangen könnte. Sie konnte ich nämlich auch nicht ausstehen, denn sie machte oft Übungen vor denen ich Angst hatte. Trotzdem habe ich immer versucht alle Übungen so gut es ging zu machen. An dieser Schule durfte ich sogar beim Behindertensport mitmachen und es wurden dort auch kleine Olympiaden ausgetragen. Man konnte in Sportarten wie Rollstuhlschnellfahren, Rollstuhlslalomfahren und Weitwurf mitmachen. Hier waren meine Schwester und ich die schnellsten Rollstuhlfahrer der ganzen Schule. Ich habe einmal sogar eine Silbermedaille gewonnen und einige Ehrenurkunden haben ich in dieser Zeit auch bekommen.

Hier hatten wir eine Karnevalsfeier, damals noch im Rollstuhl.

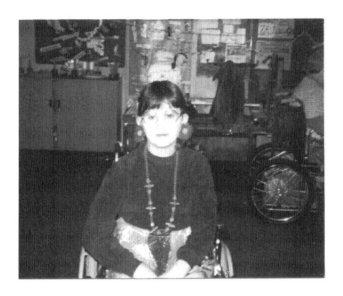

Um zur Schule zu kommen, wurden wir täglich mit einem kleinen Schulbus abgeholt und auch wieder nach Hause gebracht. Unsere Eltern mussten uns dafür immer die Treppe von der zweiten Etage rauf und runtertragen.
Da wir ja schon größer waren, hatten wir auch schon etwas Gewicht und so war es, vor allem für meine Mutter, nicht ganz einfach uns zu tragen. Meistens hat uns deshalb auch mein Vater getragen, nur wenn der gerade selber ein Gipsbein hatte, musste es dann meine Mutter machen. Durch diese Schlepperei damals, hat sie heute große Rückenprobleme.

Im fünften Schuljahr bin ich dann zur Realschule gewechselt. Diese war damals die einzige Schule, die auch körperbehinderte Kinder aufgenommen hat. Wir waren insgesamt fünf Körperbehinderte, die zu dieser Schule kamen. Meine Freundin aus den ersten beiden Schuljahren war auch darunter und wir haben uns riesig gefreut, dass wir nun wieder zusammen waren. Was für ein riesen Glück wir mit diesem Schulwechsel hatten, habe ich erst vor kurzem erfahren.

Da hat diese Realschule ein großes Sommerfest veranstaltet und ich bin mit meiner Familie auch dorthin gegangen. Ich habe sogar eine Lehrerin von damals getroffen, die sich auch noch an mich erinnern konnte. Sie hat mir erzählt, dass nach uns keine Schwerbehinderten mehr zu dieser Schule übermittelt wurden. Warum wusste sie auch nicht genau, denn die Schule hatte damals extra behindertengerechte Umbauten machen lassen. Sie vermutete, dass die Körperbehindertenschulen wohl ihre Schüler nicht abgeben wollten. Ich war richtig froh, dass ich damals die Chance bekommen

habe, diese Schule zu besuchen und finde es schade, dass man heute nicht mehr diese Möglichkeit bekommt.
Auf dieser Schule gefiel es mir noch besser als in der Körperbehindertenschule, da man dort fast „normal" behandelt wurde und ich nicht immer nur in Watte gepackt wurde. Die einzige Ausnahme war, dass wir mit dem Taxi zur Schule gefahren wurden und auch wieder abgeholt wurden. Die Kosten für die Taxifahrten wurden damals von der Stadt übernommen. Nur manchmal hatte ich etwas Angst, dass mir etwas passieren könnte, z. B., wenn mal Kinder wild tobend durch die Gegend gerannt sind, oder kleine Kämpfereien ausgetragen wurden. Ich bin dann schnell in eine andere Ecke gegangen und habe gehofft, dass die sich schnell wieder beruhigen. Probleme mit Mitschülern gab es auch keine und wir wurden von allen akzeptiert und mit einbezogen. Klassenfahrten und kleine Ausflüge wurden so organisiert, dass wir alle mitfahren konnten. Besonders gerne erinnere ich mich hier noch an eine Klassenfahrt nach Langeoog. Dies war meine erste große Reise und ich habe zum ersten Mal einen Strand und ein Meer gesehen. Die Eindrücke von damals sind wahrscheinlich auch heute der Grund, dass ich den Strand und das Meer so liebe. Hier fühle ich mich am wohlsten und ich versuche wenigstens einmal im Jahr einen Urlaub am Meer zu machen.

Mit Beginn der Pubertät ließen die Knochenbrüche langsam nach und ich hatte längere Zeit Ruhe vor Brüchen und Krankenhausaufenthalten. Immer wenn dann plötzlich doch wieder ein Knochenbruch dazwischen kam, hieß es wieder von vorne anfangen. Es dauerte immer ewig, bis man wieder so weit war, wie vor dem Knochenbruch.
Oft hatte ich das Gefühl, dass es überhaupt nicht mehr weitergeht und ich wohl nie laufen lernen würde. Dann die ständigen Schmerzen bei der Krankengymnastik, die ja dringend notwendig war, um die Muskeln überhaupt wieder aufzubauen.

Nach wochenlangem Gips waren die Gelenke erst einmal steif und die Schmerzen bei der Krankengymnastik waren kaum zu ertragen. Um das Laufen zu lernen, hatte ich keine andere Wahl und da ich unbedingt so Laufen wollte wie andere, ging an den Übungen kein Weg vorbei.

Schwimmen wäre hier auch eine sehr gute Möglichkeit für mich gewesen, die Muskulatur zu stärken, denn gerade unter Wasser, kann man sich sehr gut bewegen und die Schmerzen sind hier auch wesentlich erträglicher, aber dank eines Schwimmbadsturzes und einem gedankenlosen Schwimmlehrer wurde mir das Schwimmen sehr vermiest.

In der Schule bekamen wir irgendwann Schwimmunterricht und zuerst bin ich da auch sehr gerne hingegangen. Ich habe gemerkt, dass vieles was ich so nicht konnte im Wasser möglich war und vieles auch viel leichter und schmerzfrei war. Ich hatte richtig Spaß im Wasser, bis zu dem Tag, als der Schwimmlehrer die tolle Idee hatte, mich ins Wasser zu werfen. Seiner Meinung nach war das die beste Methode, um das Schwimmen zu lernen. Nur bin ich so blöde im Wasser gelandet, dass ich unheimlich viel Wasser geschluckt habe und nicht sofort wieder hoch kam. Von diesem Tag an, hatte ich große Angst vorm Schwimmen und ich habe es gehasst. Als ich dann auch noch beim nächsten Schwimmunterricht, auf dem Weg von der Umkleidekabine zum Schwimmbad ausgerutscht bin und mit zwei verstauchten Handgelenken nach Hause kam, wurde ich vom Schwimmunterricht befreit. Das Schwimmen habe ich dann erst viel später, in einem Sportverein für Körperbehinderte gelernt, als ich schon mit meinem Mann zusammen war. Ich kann zwar jetzt schwimmen, aber da wo ich weiß, dass ich nicht mehr stehen kann, traue ich mich auch heute noch nicht zu schwimmen. Es hat auch sehr lange gedauert, bis ich mich überhaupt dazu durchringen konnte mit meinem Mann schwimmen zu gehen. Als wir uns gerade kennengelernt hatten, habe ich mich wegen meiner verbogenen Knochen und den vielen Narben geschämt und außerdem hätte ich mich, wegen der Rutschgefahr, auch an ihm festhalten müssen und das war mir am Anfang unserer Beziehung doch ziemlich unangenehm. Man zeigt sich ja doch am Anfang erst mal lieber von seiner Schokoladenseite. Er hat aber nicht aufgegeben, mich zum Schwimmen zu überreden und wir sind eine ganze Zeit regelmäßig schwimmen gegangen.

Irgendwann war die Muskulatur so gut, dass ich langsam anfangen konnte, zu laufen. Natürlich am Anfang nur mit festhalten. Später konnte ich am Arm meiner Mutter draußen kurze Wege gehen. Ich war immer total stolz, wenn wir wieder einen weiteren Weg gehen konnten. Da die Muskeln und Gelenke ziemlich schwach waren, hatte ich oft starke Schmerzen, wenn wir längere Strecken gegangen sind, aber je öfter wir gegangen sind, um so besser ging es dann und die Muskulatur wurde auch immer etwas kräftiger. Auch bei so einem Spaziergang habe ich mir mal einen Armbruch zugezogen. Wir sind, wie so oft, einkaufen gegangen und auf

dem Fußboden im Geschäft lag etwas Folie. Prompt bin ich darauf ausgerutscht und auch meine Mutter konnte mich so schnell nicht mehr festhalten. Die Folge war ein Armbruch. Seitdem achte ich aber immer darauf, ob irgendetwas auf dem Fußboden in den Geschäften liegt.

In den letzten Schuljahren klappte es dann

mit dem Laufen schon besser und ich habe den Rollstuhl meistens nur noch vor mir hergeschoben und gar nicht mehr darin gesessen, denn ich habe den Rollstuhl immer gehasst. Außerdem war da ja auch noch der nette Junge aus der Oberstufe, der bestimmt keine im Rollstuhl wollte. Leider hat mich das aber einen Oberschenkeltrümmerbruch gekostet. Als ich mal wieder rollstuhlschiebend durch den Schulflur ging, war es dort an irgendeiner Stelle nass und ich bin ausgerutscht. Der Rettungswagen musste kommen und meine Freundin hat mir später erzählt, dass man mich bis in den Klassenraum vor Schmerzen schreien gehört hat. Alle dachten ich hätte so geschrien, weil der Sanitäter mir eine Spritze gegeben hat. Das stimmte aber nicht, geschrien habe ich erst, als der Sanitäter mich hochgehoben hat. Dieses war übrigens mein schlimmster Knochenbruch und zum Glück (toi, toi, toi), aber auch mein letzter großer Knochenbruch.

Bei diesem Knochenbruch handelte es sich um einen Trümmerbruch am rechten Oberschenkel. Das bedeutete, dass der Knochen gleich in mehrere Teile zerbrochen war. Der Knochenbruch war so schwer, dass er operativ versorgt werden musste. Bei dieser Operation gab es dann auch noch zusätzlich Komplikationen. Bei dem Versuch einen Nagel durch den Hüftknochen in den Oberschenkelknochen zu führen, um den Knochen so zu stabilisieren, ist der Knochen noch weiter zersplittert. Durch diesen Zwischenfall musste noch eine zweite Operation durchgeführt werden, bei der ein zusätzlicher Gewindestift quer durch den Knochen gesteckt wurde. Da dieser Unfall kurz vor Weihnachten passiert war, durfte ich Heiligabend nur kurz nach Hause und musste am ersten Weihnachtstag wieder zurück ins Krankenhaus. Auch Silvester durfte ich nicht nach Hause. Insgesamt lag ich 16 Wochen mit diesem Knochenbruch im Krankenhaus. In diesen 16 Wochen habe ich sehr viel dort erlebt. Die ersten Wochen lag ich in einem Zweibettzimmer, da auf der Station auf der ich sonst immer war, kein Bett mehr frei war. Dort lag ich mit einer jungen Frau zusammen im Zimmer, die ein paar Jahre älter war als ich. Wir haben uns super verstanden und auch schnell angefreundet. Ihr Besuch brachte ihr jeden Abend eine Flasche Bier mit und die haben wir uns dann geteilt und heimlich zusammen getrunken. Dazu rauchten wir dann auch noch am offenen Fenster eine Zigarette. Meine Eltern wussten natürlich nichts davon und auch nicht, dass ich auch vorher schon heimlich geraucht hatte. Die ersten Abende ging es gut und dann wurden wir von Schwester Anneliese erwischt. Oh man, ausgerechnet von der!!! Durch meine vielen Krankenhausaufenthalte kannte ich natürlich Schwester Anneliese und sie war eine der wenigen Schwestern, die ich überhaupt nicht leiden konnte. Natürlich hat sie uns sofort bei meinen Eltern verraten. Zusätzlich kam sie sofort mit Gitterstäben für mein Bett angerannt, damit ich nicht volltrunken (von einer halben Flasche Bier) aus dem Bett falle. Meine Eltern waren total sauer und mein Vater ist mich erst einmal nicht mehr besuchen gekommen.

Meine Freundin wurde kurz darauf entlassen und ich kam dann in dass mir nur allzu vertraute Sechsbettzimmer. Solche großen Zimmer gibt es ja heute zum Glück nicht mehr. Auch hier habe ich schnell wieder eine Freundin gefunden. Mein Oberschenkel hatte sich schon so weit erholt, dass ich mit einem Rollstuhl durch die Gegend fahren konnte. Wir haben uns immer unten im Eingangsbereich, in der Wartezone, mit ein paar Jungs von der Männerstation getroffen und angefreundet. Unsere beiden Freunde wurden schon vor uns entlassen und versprachen aber, uns mal besuchen zu kommen. Das haben sie auch gemacht. Als die Oberschwester mitbekam, dass ich nun auch noch Männerbesuch bekomme, habe ich von ihr eine Verwarnung bekommen. Sie hat mir damit gedroht, mich aus dem Krankenhaus rauszuschmeißen, falls der junge Mann mich noch einmal auf Station besuchen kommen würde. Auch den Namen der Schwester weiß ich noch ganz genau. Es war Oberschwester Ruth oder von den Patienten nur kurz Schwester Rabiata genannt. Vor dieser Schwester hatte ich immer Angst, denn sie hat einem immer die Beruhigungsspritze vor einer Narkose verabreicht. Früher gab es nämlich immer kurz vor einer OP eine Spritze. Heute bekommt man einen Abend vorher eine kleine Beruhigungstablette, die gab es damals aber noch nicht. Die Beruhigungsspritze bekam man immer in den Oberschenkel „gejagt" und Oberschwester Ruth war hier nicht gerade zimperlich. Die Einstichstelle hat man noch Tage nach der Operation gespürt und man fragte sich, ob diese Spritze nicht schlimmer als die ganze Operation war. Der Junge war sehr nett und er hat sich auch nicht von Oberschwester Ruth einschüchtern lassen und er hat mich, trotz Verwarnung, weiter besucht. Wir haben uns aber dann im Eingangsbereich des Krankenhauses getroffen, um Oberschwester Ruth aus dem Wege zu gehen. Leider habe ich nach meiner Entlassung nichts mehr von ihm gehört.

Ich war damals ca.16 Jahre alt und war somit in einem Alter, in denen viele ihre ersten Erfahrungen mit Jungs, Rauchen und Alkohol gemacht haben. Nur, dass ich diese Erfahrungen im Krankenhaus gemacht habe. Spannend waren sie aber trotzdem!

Ich hatte ansonsten mit den Krankenschwestern Glück, denn außer auf die vorgenannten Drachenschwestern bin ich meistens auf super liebe Krankenschwestern getroffen. Ich kann mich noch gut an eine Schwester erinnern, die mir ihren privat mitgebrachten Apfelsaft gegeben hat. Der schmeckte so gut, dass ich andauernd geklingelt habe und noch welchen haben wollte. Sie hat mir jedes Mal wieder neuen Apfelsaft gebracht. Obwohl ich damals noch ganz klein war, kann ich mich auch heute noch daran erinnern. Meistens dann, wenn ich heute Apfelsaft trinke, denn so einen guten Apfelsaft habe ich nie wieder bekommen.

Durch die vielen Knochenbrüche hatte ich in der Schule sehr viele Fehlzeiten. Trotz der langen Fehlzeiten, die längste waren 251 Stunden in einem Halbjahr, habe ich die Fachoberschulreife geschafft, ohne ein Jahr zu wiederholen! Na ja, Zeit zum Bücherlesen hatte man ja genügend.

Als ich in meinen alten Schulunterlagen nach den Fehlzeiten gesucht habe, ist mir ein Bild in die Hände gefallen, das wir einmal in der 5. Klasse malen mussten. Wir hatten das Thema, ein Bild zu malen, dass die Vergangenheit, die Gegenwart und die Zukunft zeigt. Wenn ich es jetzt so rückblickend betrachte, staune ich, wie ich mein Leben damals gesehen habe und wie es sich dann auch tatsächlich entwickelt hat.

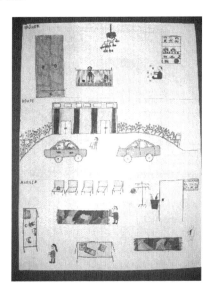

Der erste Abschnitt zeigt also die Vergangenheit. Es ist ein Kinderzimmer, aber hier habe ich wohl nicht unser damaliges Kinderzimmer gemalt, denn so aufgeräumt war es dort nie und an einen grünen Schrank kann ich mich auch nicht erinnern. Es war wohl damals mein Wunschkinderzimmer, denn eigentlich hätte ich nämlich Kinder mit Gipsbeinen malen müssen und statt Kinderzimmer ein Krankenhauszimmer. Das hätte dann meine Kindheit am besten getroffen. Wenn ich das Bild jetzt so betrachte, ist dies auch der einzige Abschnitt, der mir fremd vorkommt. Das Gegenwartsbild zeigt meine damalige Schule und wie meine Freundin und ich damals mit dem Taxi dorthin gebracht wurden. Das Zukunftsbild zeigt meinen damaligen Traumberuf: „Arzthelferin beim Kinderarzt". Ob und wie sich mein Wunsch erfüllt, erfahrt ihr im nachfolgenden Kapitel.

Mit dem Laufen lernen, musste ich nach dem letzten schweren Trümmerbruch, natürlich auch dieses Mal wieder ganz von vorne anfangen, aber da ich ja jetzt etwas Ruhe vor Knochenbrüchen hatte, wurden die Muskeln immer kräftiger und das Laufen klappte immer besser. Zuerst ging es wieder am Arm meiner Mutter zum Einkaufen, später konnte ich kurze Wege alleine gehen.

Eines Tages wagte ich sogar ein Experiment. Ich wollte unbedingt mal alleine in die Stadt gehen. Bis zu diesem Tag konnte ich nur in Begleitung meiner Mutter dorthin kommen und dann sind wir auch meistens mit der Straßenbahn zur Stadt gefahren, weil der Weg zum Laufen recht weit war. Ich wusste also die Richtung, in die ich gehen musste und orientiert habe ich mich einfach an den Straßenbahnschienen. Zu Hause habe ich erzählt, ich gehe mal eben für unser Meerschweinchen Streu holen. Meine Mutter ging davon aus, dass ich das kleine Zoogeschäft ein paar Straßen weiter meinte. Ich bin aber einfach, ohne etwas zu Hause zu erzählen in die Stadt gegangen und tatsächlich habe ich es geschafft. Meine Eltern waren ziemlich überrascht von meiner Aktion. Ich schaffte jetzt immer weitere Strecken und von da an bin ich auch immer öfter alleine in die Stadt gegangen und habe mich dort mit meiner Freundin getroffen. Es war toll, nicht mehr ständig auf andere angewiesen zu sein. Damals war ich ein großer Shakin Stevens Fan und das Größte war damals, gemeinsam mit meiner Mutter, zwei seiner Konzerte von ihm live zu sehen. Es war eine tolle Zeit!

In meinem Zimmer gab es kaum noch ein Stück freie Tapete zu sehen. Überall hingen Shaky-Poster an den Wänden. Ich hatte jede Schallplatte von ihm und war auch Mitglied im offiziellen Shakin Stevens Fanclub in England. Dadurch hatte ich viele Brieffreunde in England.

Ausbildungszeit

Nun kam die Zeit, dass ich mir einen Lehrberuf suchen musste. Meine Wahl fiel auf den Beruf Arzthelferin. Die Reaktionen im Familien- und Bekanntenkreis auf diese Wahl waren sehr negativ. Die meisten trauten es mir erst gar nicht zu, von anderen hörte ich dann die Frage: „Warum willst du gerade Arzthelferin werden? Hast du nicht genug von Ärzten und Krankenhäusern?" Ich ließ mich aber durch solche Fragen nicht beirren und vielleicht war auch gerade das der Grund.

Immer haben mir Krankenschwestern und Ärzte geholfen und jetzt wollte auch ich anderen helfen. Außerdem hat man durch das Erlernen eines medizinischen Berufs den großen Vorteil, dass man seine Arztberichte auch übersetzen kann und versteht. Ich habe tatsächlich einen Arzt gefunden, der mir eine Chance gegeben hat. Es war der Hausarzt (ein Internist) von meinem Vater. Zunächst habe ich zwei Wochen ein Praktikum dort gemacht, um zu sehen, ob ich das überhaupt körperlich schaffen kann. Da alles gut klappte, habe ich dann von 1984 – 1986 meine Ausbildung zu meinem Traumberuf Arzthelferin bei ihm gemacht.

Meine Lehrzeit war jedoch nicht besonders toll. Dies lag daran, dass in dieser Arztpraxis ein sehr schlechtes Betriebsklima herrschte und als Auszubildende gehörte man nicht dazu und man bekam auch keine Chance dazu zu gehören. Mir war schon in meiner Praktikumzeit dort aufgefallen, dass die ausgelernten Arzthelferinnen in der einen Ecke standen und die Auszubildende alleine in der anderen Ecke stand. Die Auszubildende, die zu meiner Praktikumszeit noch da war, hatte mich schon vorgewarnt und mir dringend empfohlen mir doch lieber eine andere Ausbildungsstelle zu suchen. Da ich ja nicht wusste, ob nicht vielleicht sie der Grund für dieses Verhalten ist, habe ich leider nicht auf sie gehört. Ich hätte auch nie gedacht, dass es so ein gemeines Verhalten überhaupt gibt.

Als ich dann meine Lehre begann wusste ich sofort, was sie meinte. Meistens musste ich die Drecksarbeiten machen, die keiner machen wollte.
Es wurde mir meistens gar nichts erklärt und ich musste mir viele Sachen durch abgucken selber beibringen. Wenn die Kolleginnen aber gemerkt haben, dass ich sie beobachte, haben sie sich schnell so hingestellt, dass ich nichts mehr sehen konnte. Dann kam es wiederum vor, dass sie mir alles ganz schnell gezeigt haben. Habe ich dann nachgefragt, weil ich vielleicht etwas nicht ganz verstanden habe, kam die Antwort: „Wie das wissen sie nicht, das haben wir ihnen doch schon gezeigt. Na dann überlegen sie mal."
Grundsätzlich war auch alles falsch, was ich machte. Die EKG-Knöpfe waren angeblich immer falsch angelegt und auch der Blutdruckwert stimmt nie mit dem überein, den die Kolleginnen nachgemessen haben. Beim Blutdruckmessen habe ich nach einer Weile den Spieß umgedreht und einfach behauptet, ich habe nichts gehört, sie möchten bitte einmal messen. Da sie dem Patienten den Wert immer laut mitgeteilt haben, konnte ich dann so hören, ob ich richtig gemessen habe. Komischerweise war der Wert dann auf diese Weise immer richtig. Als ich das rausgefunden hatte, war ich sicher, dass die anderen Sachen, die kritisiert wurden, auch richtig waren.

Ich war immer froh, wenn ich zum Röntgentütensortieren in den Keller oder auf den Dachboden geschickt wurde. Dort hatte ich wenigstens meine Ruhe und dabei habe ich mir dann auch extra viel Zeit gelassen. Da sie ja eh schon alles kritisierten, konnten sie von mir aus auch behaupten, dass ich zu langsam arbeite.

Kollegialität gab es auch nicht. So wurde alle 14 Tage in einem nahe gelegenem Altersheim, einen Nachmittag in der Woche, eine Sprechstunde abgehalten. Die Kolleginnen, die an diesem Tag zum Dienst eingeteilt waren, sind gemeinsam im Auto gefahren. Mich konnten sie nicht mitnehmen, da ihnen die Verantwortung für mich zu groß war. Es könnte ja etwas passieren und das wollten sie nicht riskieren. Sie haben mich dann zu Fuß losgeschickt und sind dann blöde grinsend an mir vorbeigefahren. Über die Schikanen, die sich diese Damen einfallen lassen haben, könnte man ein extra Buch schreiben!

Trotzdem habe ich durchgehalten, obwohl ich manchmal schon gerne gewechselt hätte. Da ich aber froh war, überhaupt eine Ausbildungsstelle in meinem Traumberuf zu finden, habe ich mir gesagt irgendwann ist diese Zeit vorbei, oder wie meine Oma es gerne sagt: Augen zu und durch. Dann war die Ausbildungszeit endlich vorbei und zum Erstaunen aller habe ich diese mit der Prüfung vor der Ärztekammer auch bestanden. Ich war ziemlich stolz darauf, dass ich es tatsächlich geschafft habe. Seitdem ist eines meiner Lebensmottos – wo ein Wille ist, ist auch ein Weg!

Die Auszubildende, die nach mir dort angefangen ist, habe ich übrigens ebenfalls versucht zu warnen. Auch sie hat leider nicht auf mich gehört. Da ich noch ein paar Tage mit ihr zusammen dort gearbeitet habe, bekam ich noch mit, dass sie genauso mies, wie ich behandelt wurde. Ob sie die Ausbildung dort noch beendet hat, weiß ich nicht.

Mit dem Laufen klappte es zu dieser Zeit auch sehr gut. Den Weg zur Arbeitsstelle konnte ich alleine gehen, nur im Winter, wenn Schnee lag, musste meine Mutter mich noch begleiten.

Nach der Lehre war es sehr schwer einen neuen Arbeitsplatz zu finde. Da ich keinen Führerschein hatte, war ich nicht flexibel genug, um einen Arbeitsplatz zu finden, der nicht in unmittelbarer Nähe war. Aufgrund der Glasknochen konnte ich keine öffentlichen Verkehrsmittel benutzen, da dies zu gefährlich gewesen wäre. Besonders das Gedrängel in Bus und Bahn, während des Berufsverkehrs, wäre besonders gefährlich gewesen.

Ich wäre auch auf einen Sitzplatz angewiesen gewesen, aber so eine Sitzplatzgarantie gibt es ja leider auch nicht. Dadurch, dass ich keine öffentlichen Verkehrsmittel benutzen konnte, war ich zusätzlich bei der Arbeitsplatzsuche eingeschränkt.

Von dem Bruder meiner Freundin, der ebenfalls eine Körperbehinderung hat, habe ich erfahren, dass das Arbeitsamt, in so einem Fall, Schwerbehinderten Zuschüsse zum Führerschein und zum PKW gewährt. Also stellte ich die entsprechenden Anträge beim Arbeitsamt. Zunächst musste ich beim TÜV in Essen einen Eignungstest machen, den ich auch sofort bestanden habe. Trotzdem hat das Arbeitsamt den Antrag zunächst abgelehnt. Das waren die ersten Anträge, die ich alleine aufgrund meiner Glasknochen gestellt habe und musste zum ersten Mal feststellen, dass man bei solchen Anträgen nur mit Widerspruchsschreiben, Hartnäckigkeit und Druck durch die öffentliche Presse weiter kommt. Mein Vater kannte jemanden von der Presse und hat ihn darum gebeten, den Fall an die Öffentlichkeit zu bringen. Erst als dieser Bericht in der Tageszeitung erschienen ist und dort über meinen Fall berichtet wurde, kam kurz darauf ein Bewilligungsbescheid. Endlich konnte ich mit meinem Führerschein beginnen. Da der Fahrlehrer wusste, dass ich den Führerschein nicht selber bezahlen musste, nutzte er dies wohl auch richtig aus und brummte mir, meiner Meinung nach, viel mehr Stunden auf als wohl eigentlich nötig waren.

Beweisen konnte man es nicht, aber da das Arbeitsamt auch keine Einwände hatte und zahlte, habe ich mich über die zusätzliche Fahrpraxis gefreut. Trotzdem war die Aufregung bei der Fahrprüfung so groß, dass ich beim ersten Mal durch die Prüfung gefallen bin. Ein paar Wochen später schaffte ich es dann aber im zweiten Anlauf sofort. Da das Arbeitsamt ja auch einen Zuschuss zum PKW gewährt hatte, konnte ich mir nun mein erstes eigenes Auto kaufen. Ich hatte die Wahl zwischen einem Opel Corsa und einem Nissan Micra. Ich habe mich dann für einen Opel Corsa in marineblau entschieden. Nun war ich endlich beweglicher und konnte überall hinfahren wohin ich wollte. Es war das erste Stück Freiheit, das ich mir erkämpft hatte.

Auch beruflich hatte ich jetzt viel mehr Möglichkeiten. Zunächst, besuchte ich einen 7 monatigen Laborfortbildungskursus in Essen und danach habe ich sofort eine Stelle bei einem Kinderarzt gefunden. Mein Kindheitsberufswunsch hatte sich somit endlich erfüllt!!! Hier habe ich hauptsächlich das Labor gemacht und hatte so auch die Möglichkeit viel im sitzen zu arbeiten. Mit dem Laufen hatte ich jetzt kaum noch Probleme.

Der Topf findet seinen Deckel

Ich war jetzt 22 Jahre alt und nun begann für mich, wenn auch etwas verspätet, die Diskozeit. Gleich bei meinem ersten Diskobesuch habe ich Rolf, meinen Mann, kennen gelernt. Bis zu dieser Zeit habe ich allerdings geglaubt, dass ich nie einen Mann finden würde. Welcher Mann will schon eine Frau haben, die überall hässliche Narben hat und durch die Knochenbrüche auch noch deformierte Arme und Beine. Ich dachte spätestens, wenn ein Mann das sieht, ergreift er schreiend die Flucht.
Meine Mutter hat mich immer versucht zu trösten, mit dem Spruch: „Auf jeden Topf passt ein Deckel" auch du wirst noch deinen Deckel finden. Klar dachte ich, wie soll das denn funktionieren.
Sollte ich vielleicht einen Mann mit dem tollen Anmachspruch: „Hey, soll ich dir mal meine Narbensammlung zeigen" anlocken??? Natürlich habe ich ihr damals kein Wort geglaubt. Sie hatte aber tatsächlich recht, ich hatte meinen Deckel gefunden und er ist auch nicht schreiend davongelaufen und er ist auch heute noch da.

Am Anfang war es sogar so, dass ich mich für ihn gar nicht interessiert habe. Meine Freundin und ich wollten in eine bekannte Disco in unsere Nähe gehen. Die hatte aber nur jeden zweiten Samstag im Monat geöffnet. Dies wussten wir da aber nicht und wir kamen an der Disco an und sie war geschlossen. Meine Freundin hat dann ihren Bruder angerufen und ihm von unserem Pech erzählt und ihn gefragt, wo wir denn jetzt nun hingehen könnten. Er hat uns eine andere Disco auch ganz in der Nähe empfohlen und dort sind wir dann hingegangen. Die erste Begegnung war nicht so prickelnd. Rolf ist auch nur durch Zufall in diese Disco gekommen, weil er nach einer Geburtstagsfeier von einem Freund mitgeschleift wurde. Das heißt, er hatte schon reichlich dem Alkohol zugesprochen und hätte er keine

Ohren gehabt, hätte er wahrscheinlich im Kreis gegrinst, so betrunken war er. Seine Brille hing ihm schief im Gesicht und sein Hemd war bis zum Bauchnabel aufgeknöpft. Ich habe immer nur gehofft, b i t t e   s p r i c h   m i c h   b l o ß   n i c h t   a n.

Zum Glück hat er sich auch meistens nur mit meiner Freundin unterhalten (sofern man hier von einer Unterhaltung sprechen konnte). Hätte mir an diesem Abend jemand gesagt, dass ich diesen Mann einmal heiraten werde, hätte ich ihn glatt für verrückt erklärt. Ein Freund von ihm hatte sich meine Telefonnummer aufgeschrieben und mich am darauf folgenden Montag angerufen. Wir haben dann ein Treffen zu viert vereinbart, aber Rolf konnte sich an uns überhaupt nicht erinnern. Ich fand ihn, so nüchtern, ganz nett, aber gefunkt hat es da noch nicht. Von da an sind wir jedes Wochenende in die Disco gegangen. Ich glaube zu dieser Zeit habe ich auch nur für die Discobesuche gearbeitet. Freitag und Samstagabend sind meine Freundin und ich immer losgezogen und sonntags lagen wir völlig fertig auf dem Sofa und mussten uns vom Wochenende erholen. Mit meinen Eltern kam ich zu dieser Zeit überhaupt nicht klar. Wenn ich spät nach Hause kam, gab es am anderen Tag ein Riesentheater und als mein Vater mir dann einmal mit dem Spruch drohte: „Wenn du so weitermachst, kannst du gleich ausziehen", habe ich mir gedacht, dann mache ich das doch einfach. Damals war es noch einfach eine Wohnung zu finden. Meine Freundin wohnte in einem Apartmenthaus ganz in der Nähe und so habe ich sie besucht und gefragt, ob bei ihr im Haus noch ein Apartment frei ist. Sie hat gesagt, dass bestimmt noch etwas frei ist und nach kurzer Nachfrage bei ihrem Vermieter, habe ich dann zwei Tage später meinen Mietvertrag unterschrieben. Mein Vater war über meinen Auszug so sauer, dass er ein Jahr lang nicht mehr mit mir gesprochen hat.

Die erste eigene Wohnung. Man war das ein tolles Gefühl!!! Keiner redet einem rein, du kannst machen, was du willst und vor allem so lange wegbleiben, wie du willst. Ein bisschen mulmig war mir schon bei dem Gedanken, dass ich von nun an auf mich ganz alleine gestellt war, aber diese Angst war unbegründet. Gab es mal Probleme, aufgrund meiner Glasknochen, war immer sofort jemand von meinen Freunden da, der mir geholfen hat. Rolf rief immer öfters an, um nur mal nachzufragen, wie es mir geht, oder ob er mir irgendwie helfen kann. Meine Glasknochen waren für ihn auch kein Problem. Er hat mich nur einmal gefragt, welche Behinderung ich habe und da habe ich ihm alles genau erklärt. Zuerst hatte ich Angst, dass er sich vielleicht, jetzt wo er alles wusste, zurückziehen würde, aber er hat es nicht getan. Er hat mich ganz normal behandelt und da wo er gemerkt hat, dass ich doch einmal Hilfe brauchte, war es für ihn total selbstverständlich mir zu helfen. So sind wir z. B. einen Abend mal mit ein paar Leuten spazieren gegangen und da ich nicht so schnell laufen konnte, blieb ich schon nach kurzer Zeit zurück. Rolf ist dann einfach zu mir gekommen und hat mich an die Hand genommen und wir sind den anderen dann nachgelaufen. Ich glaube in diesem Moment habe ich mich richtig in ihn verliebt.

Wir haben uns immer öfters getroffen und als mein zweiter Weihnachtsbaum, im Februar immer noch im Apartment stand und keine Nadeln mehr hatte, da ich fast nur noch bei Rolf war, haben wir uns überlegt, zusammenzuziehen. Anfangs hatte ich ein bisschen Bedenken, dass es mit unserer Beziehung vielleicht nicht mehr so gut klappt, wenn wir zusammenziehen.

Denn durch die Glasknochen bin ich ja doch im Haushalt etwas arbeitsaufwendiger als andere Frauen und oft auf die Hilfe von Rolf angewiesen. Diese Bedenken waren aber auch hier völlig unbegründet und wir haben uns super ergänzt und es klappte super. Da Rolf ja auch seine eigene Wohnung hatte und dort auch den Haushalt gemacht hat, sind Sachen wie Staubsaugen, Fensterputzen usw. kein Problem für ihn.

Mit ihm habe ich auch meine erste große Urlaubsreise ins Ausland gemacht. Wir haben eine Busreise nach Spanien gemacht und alles war super aufregend, weil ich bis dahin noch nie so weit von zu Hause weg war und auch noch nie in einem fremden Land. Die Fahrt hat 21 Stunden gedauert und war sehr anstrengend, aber als wir dort ankamen, habe ich gleich gemerkt, wie gut das südliche Klima meinen Knochen tut. Am liebsten wäre ich ganz dort geblieben aber leider mussten wir nach 10 Tagen wieder zurückfahren.

1992 haben wir uns dann schließlich verlobt und zu dieser Zeit haben wir uns dann auch zum ersten Mal Gedanken über Nachwuchs gemacht. Ich wusste bis zu diesem Zeitpunkt nur, dass die OI dominant vererbbar ist und deshalb habe ich hier meinen Frauenarzt um Rat gefragt. Er hat mir einen Besuch im humangenetischen Institut in Münster empfohlen. Die beschäftigen sich nur mit genetischen Dingen und so bin ich mit Rolf zum Beratungsgespräch dorthin gefahren.

Die 1. humangenetische Beratung

Bei diesem Beratungsgespräch wurde zuerst ein Stammbaum von unseren Familien erstellt, an dem gesehen werden konnte, wie der Vererbungsverlauf in unserer Familie ist. Dann hat man uns dort erzählt, dass man durch Blutproben von meinem Mann, meinen Eltern, meiner Schwester und von den betroffenen Geschwistern und einem nicht betroffenen Bruder von meinem Vater zu 90 % testen kann, wie und ob sich die Glasknochen weitervererben werden.

Tja und da hatten wir das Problem, von den lieben Verwandten das Blut zu beschaffen.
Bei meinem Mann, meinen Eltern und meiner Schwester war das ja kein Problem und da ich gelernte Arzthelferin bin, durfte ich das hier sogar selber machen. Leicht war das allerdings auch nicht, denn es ist ein Unterschied, ob man ein Familienmitglied pickst, oder einen Fremden.

Bei den Geschwistern von meinem Vater sah das schon etwas anders aus. Zu den meisten hatten wir kaum Kontakt und da ist es schon ein bisschen blöd, wenn man dort anrufen muss, um nach Blutproben zu fragen. Obwohl ich es kaum geglaubt hatte, hat es aber besser geklappt als ich dachte. Nur bei einem Onkel von mir gab es Probleme. Er hatte damals ein Alkoholproblem und hat dadurch wohl auch nicht richtig verstanden, was er machen sollte. Da er aber auch von Glasknochen betroffen war und im Stammbaum interessant war, brauchten wir von ihm dringend Blut. Zum Glück klappte es dann beim zweiten Anlauf auch mit seinem Blut und wir hatten endlich alle Blutproben zusammen. Da die Blutuntersuchung nicht in Münster stattfand, wurden alle Blutproben zur Untersuchung nach Mainz geschickt. Da es sich bei der Untersuchung um eine sehr aufwendige Blutuntersuchung handelte, sollte sie ca. ein halbes Jahr dauern.

Es hieß deshalb erstmal abwarten. Als das halbe Jahr um war und wir noch nichts gehört hatten, habe ich in Münster angerufen und nachgefragt. Man konnte mir aber nichts sagen, da der Professor, der das Beratungsgespräch mit uns geführt hatte, plötzlich krank war. Man wusste nicht, wie lange er fehlen würde und deshalb sollte ich mich vierzehn Tage später noch einmal melden. Das habe ich auch gemacht, aber auch da war der Professor noch krank und man hat mich wieder vertröstet.

So ist sehr viel Zeit vergangen, die wir nur mit Warten verbracht habe. Nach etlichen weiteren Wochen hat man uns dann schließlich mitgeteilt, dass der Professor immer noch krank ist und gar nicht mehr arbeiten kann und auch nicht mehr wieder kommt. Der Arzt, der seine Patienten übernommen hat, musste sich erst einmal genau über unseren Fall informieren und konnte uns auch nichts sagen. Später stellte sich dann auch noch heraus, dass mit dem Blut auch noch eine Panne passiert ist und die Untersuchung wiederholt werden musste. Da wir total verzweifelt waren, hat mir mein Frauenarzt eine Adresse von einem humangenetischen Institut hier in Dortmund gegeben.

Die Ärztin dort, hatte vorher im humangenetischen Institut in Münster gearbeitet und mein Frauenarzt dachte, dass diese Ärztin deshalb vielleicht auch schneller an die Ergebnisse kommen kann. Also sind wir auch noch zu dieser Ärztin zum Beratungsgespräch gegangen. Die Ärztin hat dann die Unterlagen angefordert und endlich nach fast zwei Jahren bekamen wir endlich ein Ergebnis. Das Ergebnis war 50: 50. Ich konnte es kaum glauben, nun warteten wir zwei Jahre auf ein Ergebnis und dann das. Wir waren genauso schlau wie vorher. Als ich die Ärztin gefragt habe, ob es hierzu irgendeine Statistik gibt, wie sich die Glasknochen in so einem Fall vererben, hat sie mir gesagt, dass es die nicht gibt. Ich könnte mir ja selber eine Statistik machen. Dazu bräuchte ich ja nur eine Münze werfen. Die eine Seite bedeutet Glasknochen und die anderen keine Glasknochen. Ich war sprachlos über diese Antwort und natürlich haben wir uns keine eigene Statistik gemacht. Wir beschlossen stattdessen, es trotzdem mit einem Baby zu versuchen.

Die Meinungen der Verwandten und Bekannten zu diesem Thema waren sehr unterschiedlich. Unsere meisten Bekannten fanden die Entscheidung gut und haben mir besonders Mut gemacht, es ruhig zu versuchen. Da ich ja als Betroffene, im schlimmsten Fall, also bei einer Vererbung, genau weiß was los ist, könnte ich das Kind dann durch meine eigenen Erfahrungen doch ganz anders motivieren.
Da die Erkrankung ja jetzt auch etwas bekannter ist, als in meiner Kindheit, hätte ich doch auch ganz andere Möglichkeiten, als damals meine Eltern. Die Verwandtschaft dagegen war etwas weniger begeistert von unserer Entscheidung. Hier hörten wir dann Sätze wie: „Willst du das wirklich einem Kind zumuten? Du weißt doch, wie es dir damit ergangen ist", oder „Wie willst du denn mit einem behinderten Kind klar kommen? Du kannst es ja dann gar nicht tragen."
Nach dem Motto: „Kommt Zeit, kommt Rat!", sind wir trotzdem bei unserer Entscheidung geblieben. Wir hatten ja immerhin genauso viele Chancen ein gesundes Kind zu bekommen. Wenn es tatsächlich hart auf hart kommen sollte, würden wir sicher einen Weg finden, damit zurechtzukommen. Außerdem, warum sollte man nicht auch mal Glück haben? Also unser Entschluss stand fest, wir wollten ein Kind.

Zuerst fand aber erst einmal 1992 unsere Traumhochzeit in Las Vegas statt. Auf die Idee dort zu heiraten kamen wir durch meinen Onkel. Der hatte ein Jahr vorher auch dort geheiratet und er hat uns erzählt, wie einfach eine Hochzeit in Amerika ist und das dort nicht so viele Formalitäten zu erledigen sind, wie in Deutschland. Tja und dann noch diese Aussicht auf einen Traumurlaub, wer kann da schon nein sagen. Wir konnten es nicht und so buchten wir die Reise. Natürlich gab es ein paar Neider unter den Verwandten und Bekannten, die uns die Reise nicht gegönnt haben. Das waren aber die Jenigen, von denen wir sowieso kaum etwas gehört haben und die uns auch nur ganz selten besucht haben. Wir wohnten damals nämlich im vierten Stock und es gab dort keinen Fahrstuhl. Die 96 Stufen, die auch noch ziemlich steil zu unserer Wohnung führten, hielten deshalb viele davon ab uns zu besuchen. Zu einer Hochzeitsfeier hätten sie sich natürlich gerne aufgerafft. Klar wo es Essen und Trinken umsonst gibt, geht man gerne hin, aber darauf konnten wir verzichten. Die meisten gönnten uns aber diese Hochzeit und freuten sich mit uns. So sind wir am 01.11.1992 mit meinen Eltern, meinem Onkel und meiner Tante (die Trauzeugen) nach Las Vegas geflogen. Am 03.11. haben wir die Hochzeitspapiere besorgt und das Brautkleid in einem Brautkleiderladen ausgesucht und einen Termin in der Kapelle gemacht. Am anderen Tag fand um 11.00 Uhr die Trauung statt. Vorher sind wir zu dem Brautkleiderladen gefahren und dort wurde ich für die Hochzeit geschminkt und angekleidet. Ich wurde in einer riesigen Limousine zur Kapelle gefahren und es war alles ganz schön aufregend. Die Trauung selbst dauerte höchstens eine halbe Stunde. Danach wurden dann noch Hochzeitsfotos von uns gemacht und als alles fertig war, konnte ich mein Brautkleid wieder abgeben und wir haben einen Ausflug in die Geisterstadt Calico gemacht. Am Abend gab es dann Riesensteaks im Hotel und zur Feier des Tages gab es auch noch Sekt. An den kann ich mich noch sehr gut erinnern, denn wir haben ihn aus Pappbechern trinken müssen, da wir keine Sektgläser hatten. Es war eine superschöne Hochzeit.

Wir sind noch 4 Tage in Las Vegas geblieben und haben uns dort noch den Grand Canyon, die vielen tollen riesigen Hotels angesehen und natürlich versucht am Spielautomat zu gewinnen. Leider hat es aber mit dem ganz großen Gewinn nicht geklappt. Ich hoffe, dass wir irgendwann einmal noch mal nach Las Vegas reisen können. Am 08.11. sind wir dann wieder nach Orlando geflogen und haben noch drei Wochen Hochzeitsreise in Florida gemacht.
Wir haben uns einen Leihwagen gimietet und sind durch die Gegend gefahren. In der ersten Woche waren wir in einem Motel in Tampa und haben von dort aus Disney World, Sea World und Tarpon Springs besichtigt. Nach dieser tollen Woche sind wir dann zu einem Ferienhaus in Lehigh Acres gefahren.

Dieses Haus hatten wir schon in Deutschland gebucht. Es war ein ganz toll eingerichtetes Haus mit Swimmingpool und allem was dazu gehört. Von hier aus haben wir dann Ausflüge zu den Everglades und nach Miami Beach gemacht. Die letzte Woche haben wir dann in einem Hotel in Daytona Beach verbracht. Hier habe ich den tollsten Strand gefunden, den ich je gesehen habe. Da auf diesem Strand auch Autos fahren dürfen, ist er ziemlich fest gedrückt und man sinkt mit den Füßen nicht so ein. Das hat für mich den großen Vorteil gehabt, dass ich auf ihm mühelos laufen konnte. Er ist bis heute mein absoluter Lieblingsstrand.

Von Daytona haben wir Ausflüge zum Epcot Center und zu den Universal Studios gemacht. Leider ging auch diese letzte Woche viel zu schnell um. Nach insgesamt vier Wochen Traumurlaub mussten wir wieder nach Hause fliegen.

Damit unsere Ehe auch hier in Deutschland anerkannt wurde, mussten wir diese in Deutschland erst beglaubigen lassen. Dies ist in Deutschland allerdings nicht möglich, ohne 1000 Formulare auszufüllen. So dauerte es noch ein paar Wochen, bis wir dann auch hier in Deutschland offiziell verheiratet waren. Auf jeden Fall haben wir unsere Entscheidung dort zu heiraten nie bereut und würden es immer wieder so machen!

Nichts Gutes im Schilde, die Schilddrüse macht Probleme

Jetzt hätten wir uns ja eigentlich ganz der Kinderplanung widmen können, aber nun kamen neue Probleme auf uns zu. Bei mir wurde eine Überfunktion der Schilddrüse, ein so genannter Morbus Basedow diagnostiziert. Mir ging es in dieser Zeit nicht besonders gut, ich litt unter Herzrhythmusstörungen und hatte ständig einen Ruhepuls von 140. Dadurch lief mein Stoffwechsel auf Hochtouren und mir war ständig übel. Das einzig Gute war, ich konnte essen, was ich wollte, habe aber nicht zugenommen. Eine weitere typische Nebenwirkung des Basedows war, dass meine Augen hervorgetreten sind. Ich hatte richtige Glubschaugen und die Vergrößerung der Schilddrüse konnte man am Hals ganz deutlich sehen.

Ich habe mich in dieser Zeit kaum noch unter die Leute getraut. Durch die Überfunktion bekam ich auch noch eine Hormonstörung, so das an eine Schwangerschaft gar nicht zu

denken war. Zuerst wurde versucht, die Überfunktion durch Tabletten in den Griff zu bekommen. Leider hatte dies keinen großen Erfolg. Nach zwei Jahren herumexperimentieren, hat mir mein Hausarzt dann doch eine Operation empfohlen. Er empfahl mir die Uniklinik in Essen.

Im September 1994 wurde mir dann dort endlich, ein Teil der Schilddrüse entfernt. Ich hatte totale Angst vor dieser Operation, da ich gehört hatte, dass man durch diese Operation auch für immer seine Stimme verlieren kann.

Damit ich nicht so eine Angst haben musste, hat mich die Nachtschwester einen Abend vor der Operation zu einer Frau gebracht, die einen Tag vorher auch an der Schilddrüse operiert worden war. Sie sollte mir erzählen, wie es war und das die Operation gar nicht so schlimm ist. Die Frau erzählte mir, dass sie am Operationsabend auch schon wieder essen konnte. Tatsächlich beruhigte mich dieses Gespräch ein bisschen, aber eigentlich hätte ich es ja wissen müssen. Wann lief bei mir schon mal etwas so wie bei anderen? Sehr, sehr selten und so war es auch diesmal. Ich wachte aus der Narkose auf und hatte totale Schmerzen und außerdem noch zwei Schläuche im Hals. Ein Abendessen habe ich natürlich auch nicht bekommen, aber mir war eh so schlecht, dass ich auch gar keines gewollt hätte. Ich war nur froh, dass ich diese OP überstanden habe und dass endlich der dicke Hals weg war. Dafür hatte ich mal wieder eine neue hübsche Narbe. Diese kann man heute aber kaum noch sehen. Die hervorgetretenen Augen haben sich leider durch diese Operation nicht, wie gehofft, von alleine zurückgebildet. Deshalb musste ich 1995 noch einmal zur Uniklinik, wo man mir dann eine Kortisonbehandlung empfohlen hat. Ich musste dann über 6 Wochen Kortisontabletten in verschiedener Dosierung einnehmen. Die Nebenwirkung dieser Tabletten war, dass ich durch das Kortison stark zugenommen habe, aber die vorstehenden Augen bildeten sich endlich langsam zurück. Heute ist kaum noch etwas von „Glubschaugen" zu sehen. In dieser Zeit durfte ich, aufgrund des Kortisons und seine Nebenwirkungen, nicht schwanger werden und musste auch nach Abschluss der Therapie erst noch mit einer Schwangerschaft warten.

Mein Frauenarzt hat mich am Ende dieser Therapie noch einmal zur Uniklinik nach Essen geschickt, um dort abzuklären, wie wir jetzt verfahren sollten, damit es mit einer Schwangerschaft klappt.

Dort wurde ich zu einem Beratungsgespräch für kinderlose Paare überwiesen. Der Arzt dort hat mir erst einmal einen Termin zu einem psychologischen Test gegeben. Er hat mir erklärt, dass erst einmal abgeklärt werden muss, wie ich es verkraften würde, wenn man mir nach ca. zwei Jahren Behandlung sagen muss, dass ich keine Kinder bekommen kann. Ich konnte mir zwar nicht vorstellen, dass man so etwas testen kann, aber wenn so ein Test halt nötig ist, dann wollte ich ihn natürlich machen. Natürlich bekam ich nicht sofort einen Termin für den Test und es vergingen wieder einige Monate.

Dann kam endlich der große Test. Ich musste dann Fragen wie z. B.: „Welche Farbe hat der grüne Knopf?" beantworten und noch einige andere lustige Sachen machen. Ich fragte mich während des Tests mehrmals, ob ich nicht an der Türe ein Schild mit der Aufschrift, „Zum Idiotentest", übersehen hatte und im falschen Raum gelandet bin. Die Tests wurden in verschiedenen Abteilungen durchgeführt und als ich für einen Test in eine andere Abteilung musste, hat mich eine Psychologin, die auch in diese Etage musste, im Fahrstuhl mitgenommen. Sie war im Fahrstuhl mit einer Gruppe schwer geistig behinderter Patienten, mit der sie wohl gerade einen Ausflug gemacht hatte.

Diese Patienten gaben nur unverständliche Laute von sich und starrten mich alle so an, dass mir Angst und Bange wurde und mir kam die ganze Untersuchung reichlich komisch vor. Da ich in dieser Untersuchung überhaupt keinen Sinn gesehen habe, bin ich auch nicht mehr zu dieser Klinik hingefahren.

Endlich schwanger

Mittlerweile waren seit der Schilddrüsenoperation fast zwei Jahre vergangen und die Hormonstörung war trotzdem noch da. Im Januar 1996 hat mein Frauenarzt einen Hormontest gemacht und festgestellt, dass ich überhaupt keinen Eisprung habe und eine Schwangerschaft so natürlich auch nicht möglich ist.

Im März haben wir uns dann für eine Hormonbehandlung entschieden. Hierzu musste mein Frauenarzt vorher (zum Glück!) eine Ultraschalluntersuchung machen, um eine Schwangerschaft auszuschließen. Bei dieser Ultraschalluntersuchung wurde festgestellt, dass ich schwanger bin. Das Gesicht von meinem Frauenarzt werde ich im Leben nicht vergessen! Weder mein Frauenarzt, noch ich konnten dies glauben, aber es war eindeutig zu sehen und es war einer der schönsten Momente in meinem Leben! Wir haben uns riesig gefreut und die Nachricht schlug ein, wie eine Bombe. Angst, dass das Kind auch die OI bekommen könnte, hatte ich während der ganzen Schwangerschaft nicht. Ich war mir sicher, dass das Kind gesund ist. Woher ich diese Sicherheit hatte? Ich weiß es nicht, es war einfach ein Bauchgefühl.

Die gesamte Schwangerschaft verlief normal. Um festzustellen, ob das Kind eventuell die schlimmste Form der OI hat, wurden regelmäßig Ultraschalluntersuchungen gemacht. Denn wenn bereits auf den Ultraschallbildern beim Kind Knochenbrüche festgestellt worden wären, hätte ich davon ausgehen können, dass das Kind die schlimmere Form hat. Zum Glück wurde hier aber nichts festgestellt. Vom Anfang bis zum Ende der Schwangerschaft habe ich unter starkem Erbrechen gelitten. Von wegen nur die ersten drei Monate leidet man unter Schwangerschaftserbrechen! Na ja, dies hatte aber den Vorteil, dass ich an Gewicht kaum zugenommen habe und nach der Geburt sogar 10 Kilo weniger hatte. Für mich war es die beste Diät und die Kortisonpfunde waren hierdurch auch weg.

Der einzige Moment während der Schwangerschaft, in dem ich wirklich Angst hatte, war kurz vor der Geburt. Da bin ich in der Wohnung gestolpert und genau auf den Bauch gefallen. Mir ist zum Glück nichts passiert, aber das Kind hat sich danach nicht mehr bewegt. Ich bin dann zur Untersuchung zum Arzt gefahren, aber zum Glück, war alles in Ordnung. Das Baby hatte sich nur erschreckt und sich deshalb nicht mehr bewegt. War ich froh, als ich wieder Bewegungen spürte.

Aufgrund der OI haben uns die Ärzte zu einem geplanten Kaiserschnitt geraten. Es hätte sonst eventuell passieren können, dass ich mir durch das Pressen bei der Geburt einen Beckenknochen breche. Für das Baby war es auch sicherer, da man noch nicht wusste, ob es OI haben wird oder nicht. Auf diese Weise wollte man vermeiden, dass es bei dem Baby, durch das Pressen, zu frühzeitigen Knochenbrüchen kommt.

Geplant wurde der Kaiserschnitt für Dienstag den 12.11.1996, aber natürlich kam mal wieder alles ganz anders. Am Donnerstag den 07.11.96 hatte ich um 14.00 Uhr noch einmal eine letzte Ultraschalluntersuchung vor dem geplanten Kaiserschnitt im Krankenhaus.
Hier war alles in Ordnung. Anschließend bin ich noch zu meinem Frauenarzt gefahren, um noch einmal die Herztöne des Kindes zu kontrollieren. Auch hier war alles in Ordnung. Nach der Untersuchung habe ich meinen Frauenarzt, so ganz nebenbei gefragt, wie man eigentlich merkt, dass sich der Muttermund öffnet, da ich ab und zu so ein leichtes Ziehen im Bauch hatte. Dies hat er dann sofort untersucht und festgestellt, dass der Muttermund tatsächlich schon leicht geöffnet war. Ich musste sofort zurück ins Krankenhaus.

Eine Hebamme, die mich morgens schon dort gesehen hatte, fragte ganz entsetzt: „Wie, sind sie immer noch da?" – „Nein, ich bin schon wieder da", beruhigte ich sie.
Der Arzt untersuchte mich gründlich und bestätigte schließlich das, was mein Frauenarzt auch schon gesagt hatte. Der Muttermund war schon leicht geöffnet, aber ich durfte noch einmal nach Hause fahren und sollte am nächsten Tag um 8.00 Uhr wiederkommen. Eigentlich hätte ich auch gleich da bleiben können, denn schlafen konnte ich in dieser Nacht überhaupt nicht mehr. Das Ziehen im Bauch wurde auch immer schlimmer und so war ich froh, als meine Freundin mich um 7.00 Uhr zu Hause abgeholt hat und mich ins Krankenhaus gefahren hat. Bei der Untersuchung wurde festgestellt, dass der Muttermund sich noch weiter geöffnet hat und ich durfte jetzt auch nicht mehr nach Hause fahren.

Geplant war eigentlich, dass der Kaiserschnitt mit einer Rückenmarkbetäubung der so genannten PDA durchgeführt werden sollte. Die Narkoseärztin, mit der die Rückenmarkbetäubung durchgesprochen war, hatte an diesem Tag frei. Der Narkosearzt, der dann kam, hat mir gleich gesagt, dass er die bei mir aufgrund der Knochenerkrankung nicht macht. Die Gefahr, dass es hierbei zu Problemen kommen könnte, weil meine Wirbel zu dicht aufeinander liegen würden, wäre ihm zu groß. Vor allem durch die Art wie dieser Arzt mir das gesagt hat, bekam ich einen Tränenausbruch. Ich war total traurig, weil ich mir so gewünscht hatte, dass Rolf bei der Geburt bei mir sein kann und bei einem Kaiserschnitt unter Vollnarkose geht das nicht. Außerdem hatte ich Angst vor der Vollnarkose, da es mir nach einer Vollnarkose immer schlecht wird. Irgendwie hatte der Narkosearzt dann doch noch Mitleid mit mir und hat gesagt, dass er es mit einer PDA doch versuchen will. Hätte ich gewusst, was da auf mich zukam, hätte ich doch lieber die Vollnarkose gewählt.

Eine Stunde vor dem geplanten Eingriff hat meine Freundin Rolf auf der Arbeit angerufen und ihm bescheid gesagt, dass es jetzt losgeht und er ins Krankenhaus kommen soll. In der Zwischenzeit wurde ich auf die OP vorbereitet. Als Rolf ankam musste er sich erst einmal umziehen gehen, da er bei dem Kaiserschnitt dabei sein wollte. Zurück kam er in einer schicken grünen OP-Kleidung und ich habe ihn zuerst nicht erkannt. Ich dachte nur, was für ein kleiner Arzt.

Dann wurde ich in den OP gefahren, um dort die PDA zu bekommen. Der erste Versuch ging gleich schief. Der zweite Versuch schien geklappt zu haben. Beim „Probeschuss" stellte sich jedoch heraus, dass der Arzt ein Blutgefäß getroffen hatte. Er musste, die PDA abbrechen, weil er einen weiteren Versuch nicht riskieren konnte. Nun blieb nur noch die Vollnarkose. Rolf wurde rausgeschickt, weil er bei einer Vollnarkose nicht dabei sein durfte. Ich war völlig mit den Nerven am Ende und bin ein zweites Mal in Tränen ausgebrochen. Ich durfte mich noch kurz von Rolf verabschieden. Na ja wenigstens hatte ich ihn einmal in OP-Klamotten gesehen, die ihm sehr gut standen. Ich wurde dann auf den OP-Tisch gelegt und die Vorbereitungen gingen weiter. Da ja eine PDA geplant war und die Vorbereitungen da länger dauern, war noch gar kein Arzt da. Mir war kalt und mir haben vor Angst die Beine gezittert. Gerade als ich dachte ich halte das Ganze nicht mehr aus und gerade daran dachte vom Operationstisch zu springen, oder zumindest die Hebamme zu erwürgen, die mich ständig mit dem Satz: „Sie müssen in den Bauch atmen." nervte, ging es endlich los und mir wurde das Narkosemittel gespritzt.
Als ich ca. 20 Minuten später wieder zu mir kam, zitterte ich am ganzen Körper, aber mir war n i c h t schlecht. Es war die beste Narkose, die ich jemals bekommen habe und auch die erste Narkose von der mir nicht schlecht wurde.

Das erste was ich sah, war die Riesenuhr im Zimmer, Rolf und meine Freundin und dann legte mir irgendjemand etwas warmes weiches in den Arm und das war S I E: Janina Rottmar, Gewicht 2690 g, 48 cm groß um 15.17 Uhr geboren.

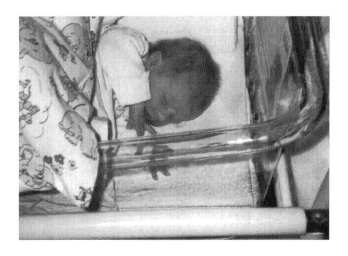

Unser Baby

Janina war total warm und weich einfach unbeschreiblich. Sie war das schönste Baby, das ich je gesehen habe. Allerdings wird das wohl jede Mutter von ihrem Kind behaupten. Es fiel mir sofort auf, dass sie blaue Skleren hat.

Ich habe Rolf gefragt, ob alles o. k. mit ihr sei. Er hat gesagt, dass Janina schon untersucht wurde und alles in Ordnung ist.

Damit ich mich von den Geburtsstrapazen erholen konnte, brachte man Janina für den Rest des Tages und die Nacht in das Babyzimmer. Am nächsten Morgen schob mir eine Schwester Janina ins Zimmer und ich konnte mir Janina zum ersten Mal richtig ausgiebig ansehen. Zuerst habe ich mich überhaupt nicht getraut sie zu berühren und habe sie ewig lange einfach nur angesehen. Irgendwann habe ich sie dann doch ganz vorsichtig berührt. Was man in so einem Moment fühlt, kann man überhaupt nicht in Worte fassen. Die Glückshormone taten ihr Übriges und so glücklich wie in diesem Moment war ich noch nie. Ein paar Stunden später kam die Schwester zurück und fragte mich, ob es denn geklappt hat. „Was soll gut geklappt haben?", fragte ich sie. – „Na das Stillen, hat es geklappt?", fragte sie. Das hatte ich überhaupt nicht versucht, aber Janina lag so ruhig und zufrieden in ihrem Bett, dass ich überhaupt nicht auf die Idee gekommen bin, dass sie vielleicht hätte Hunger haben können.

Am Nachmittag ging es dann rund. Die Besucher gaben sich die Klinke in die Hand, denn alle wollten Janina sehen. An dieser Stelle möchte ich mich noch einmal bei allen bedanken, die sich in dieser Zeit so lieb um uns gekümmert haben.

Am nächsten Tag kam das erste Arztgespräch nach der Geburt. Ob Janina die Glasknochen vererbt bekommen hat, konnte mir der Arzt nicht sagen. Als ich ihn auf die blauen Skleren angesprochen habe, hat er mir erklärt, dass das noch gar nichts bedeuten muss. Viele Babys haben blaue Skleren und es muss noch kein Zeichen für die Krankheit sein.

Als mich Rolf am Nachmittag besucht hat, sind wir im Krankenhausflur spazieren gegangen. Dort hingen sehr viele Babyfotos. Wir haben uns alle sehr genau angesehen, um festzustellen, ob das bei den Babys auf den Fotos auch der Fall ist. Es war so, oder vielleicht haben wir es uns auch nur eingebildet. So richtig beruhigt hat mich das ganze auf jeden Fall nicht.

Eines Morgens, als ich von einer Untersuchung zurück auf mein Zimmer kam, war mein Kind plötzlich weg. Von einer Schwester erfuhr ich dann, dass man meine Tochter zur benachbarten Kinderklinik zum röntgen gefahren hat. Ich war total sauer, dass man sie einfach ohne Rücksprache dorthin gefahren hatte. Ich hatte schon geglaubt, sie sei entführt worden.

Als ich alleine im Zimmer war und auf ihre Rückkehr gewartet habe, bekam ich plötzlich doch Angst. Was ist, wenn ich daran Schuld bin, dass unsere Tochter auch die Glasknochen hat? Ich fing an zu weinen und konnte gar nicht mehr aufhören. Ich habe Rolf angerufen, aber er konnte mich kaum verstehen, weil ich immer noch weinen musste. Er kam sofort zu mir und hat mich getröstet und da ging es mir langsam besser.

Der Arzt hat mir hinterher erklärt, dass sie Janina den Schädel geröntgt haben, um so den Kalksalzgehalt der Knochen zu überprüfen. Da die Untersuchung in der Kinderklinik

gemacht wurde, mussten wir noch auf das Ergebnis warten. Und das dauerte ...
Das Warten machte einen ganz verrückt. War das nicht schon gleich ein schlechtes Zeichen, dass die Ergebnisse nicht kamen?
Erst am Entlassungstag bekam ich, nachdem ich zum x. Male nachgefragt habe, endlich das Ergebnis. Die Röntgenuntersuchung war in Ordnung!
Ganz ausschließen, dass sie keine OI hat, konnte man durch die Röntgenaufnahmen nicht, aber es sah nicht danach aus.

Um es ganz genau zu wissen, hätten wir Janina unter Narkose Knochenhaut entnehmen lassen müssen. Dies wollten wir jedoch nicht, denn selbst wenn ein Arzt uns sagt, dass Janina die Glasknochen geerbt hat, könnten wir daran ja nichts mehr ändern. Wir wollten erst einmal abwarten.

Uns ist natürlich ein riesen großer Stein vom Herzen gefallen, als wir das Ergebnis gehört haben und endlich durften wir mit unserem Baby nach Hause. Dort mussten wir uns erst einmal an ein Leben zu dritt gewöhnen.

Zur Unterstützung kam in den ersten Wochen noch eine Hebamme zu uns nach Hause. Zur Vorsicht hat sie mir gezeigt, wie ich Janina wickeln und baden kann, ohne an ihren Armen oder Beinen zu zerren. Beim Windelwechseln zieht man ja z. B. die Kinder an den Beinen ein Stück hoch, um die Windel zu wechseln. Bei Janina haben wir es so gemacht, dass wir sie am Po ein Stück hochgehoben haben. Sonst haben wir nichts besonderes beachtet und sie ganz normal angefasst.
Auch die Hebamme hat mir erzählt, dass die Skleren gerade bei Neugeborenen noch blau sind.

Ich war erst mal beruhigt.

Die unendliche Kreuzbandgeschichte

Janina ging es super und sie entwickelte sich prächtig. Ab der vierten Lebenswoche schlief sie durch und sie war ein ruhiges zufriedenes Baby. Auch der Kinderarzt, mein ehemaliger Chef, hatte nichts an ihr auszusetzen.

Dafür kamen auf mich mal wieder neue Probleme zu.

Ich hatte schon längere Zeit Probleme mit meinem rechten Knie. Ausgelöst wurden diese wahrscheinlich durch einen Sturz, den ich 1993 auf der Arbeit hatte. Ich bin dort ausgerutscht und konnte danach wochenlang nicht laufen und war in ärztlicher Behandlung.

Das Knie hat sich danach nie mehr richtig erholt und ich hatte immer wieder Probleme mit dem Knie, die mit der Zeit auch immer schlimmer wurden.

Die Beschwerden fingen damit an, dass ich nicht mehr so lange laufen konnte. Zuerst ging es noch zwei Stunden, danach nur noch eine Stunde und die Schmerzen setzten ein. Die Untersuchung bei meinem Orthopäden ergab, dass die Bänder im Knie total locker waren. Er hat mir erst einmal Krankengymnastik verordnet, um die Muskulatur zu stärken und so den Bändern einen besseren Halt zu geben. Danach folgte eine Kur in Bad Aiblingen, um so noch intensiver mit dem Knie zu trainieren. Hier wurden vier Wochen lang jeden Tag die verschiedensten Übungsmöglichkeiten durchgeführt.

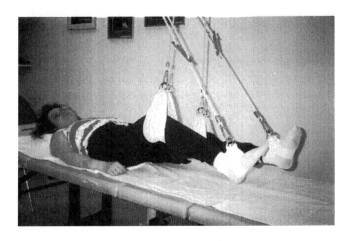

Hier hänge ich im Schlingentisch.

Eine Behandlungsart war hier z. B der Schlingentisch. Durch den Schlingentisch wurde erzielt, dass sich die Muskulatur kräftigt. Des weiteren wurden Bewegungsbäder, Massagen, Heilbäder, Fangopackungen und Krankengymnastik durchgeführt.

Die Bewegungsbäder waren sehr angenehm, da man durch das Wasser getragen wird und so alle Bewegungen viel leichter fallen. Im Bewegungsbad konnte ich sogar hüpfen, was ohne das Wasser niemals möglich gewesen wäre. Ich habe früher schon gerne Bewegungsbäder gemacht, vor allem nach Knochenbrüchen, wenn der Gips abgenommen wurde.

Die eingegipsten Gelenke waren nach mehreren Wochen Gips, immer steif und die Bewegungen taten sehr weh. Im Wasser konnte man die Gelenke immer besser und ohne Schmerzen bewegen. Leider hat man Bewegungsbäder bei mir nicht so gerne angewandt, da die Therapeuten immer Angst hatten, dass ich ausrutschen könnte.

Das Knie hat sich nach der Kur etwas erholt, aber schon ein paar Monate später nahmen die Beschwerden wieder zu. Wenn ich jetzt noch eine Stunde ohne Beschwerden laufen konnte, war das viel. Hinzu kam, dass mir ab und zu das Kniegelenk wegrutschte, weil auch die anderen Bänder im Knie viel zu locker waren.
Mein Orthopäde hat mir zu einer Untersuchung in einem Krankenhaus bei uns in der Nähe geraten. Vielleicht hatten die ja ein paar Ideen, wie man das Kniegelenk stabilisieren kann. Leider war dies nicht der Fall. Der einzige Rat war, ich sollte noch mehr Krankengymnastik machen. Ich hatte den Eindruck, dass die Herren hier auch nicht mehr weiter wussten und froh waren, als ich mit meinem Problemknie wieder verschwunden war.

Die Beschwerden wurden aber trotz der Krankengymnastik immer schlimmer. Um dem Knie wenigstens etwas mehr Halt zu geben, verordnete mir mein Orthopäde eine Knieorthese. Dies ist eine Art Schiene, die um das Kniegelenk geschnallt wird, um es so etwas zu stabilisieren.
Die richtige Lösung war das aber auch nicht. Da meine Knochen durch die vielen Knochenbrüche nicht richtig gerade sind, passen die genormten Orthesen natürlich nicht an meinem Knie. Trotz der Orthese rutschte mir das Kniegelenk noch weg. Laufen konnte ich damit auch nicht besonders gut, da ich ewig Druckstellen hatte. Der Orthopädietechniker war genauso verzweifelt wie ich. Er hat mir dann empfohlen, eine Knieorthese nach Maß anzufertigen. Dies wurde dann auch gemacht, aber auch mit dieser Spezialanfertigung klappte es nicht. Das Kniegelenk rutschte immer noch weg. Auf der Straße konnte ich mittlerweile überhaupt nicht mehr ohne Knieorthese laufen.

Kurz nach der Geburt von Janina war es so schlimm, dass das Knie wegrutschte, aber nicht sofort wieder zurück ging. Man hatte dann das Gefühl, dass der Unterschenkel daneben hängt. Das war total schrecklich, weil ich noch nicht mal mehr mit meiner Tochter auf dem Fußboden spielen konnte. Das blöde war auch, dass ich nicht wusste bei welcher Bewegung das Kniegelenk wegrutschte, sonst hätte ich ja die Möglichkeit gehabt, diese Bewegung zu vermeiden. Die größte Angst hatte ich davor, dass das Gelenk einmal wegrutscht und es dann vielleicht nicht mehr alleine zurückgeht.

Schließlich hat mein Orthopäde mich dann endlich einmal zu einer radiologischen Untersuchung geschickt und dabei wurde festgestellt, dass das Kreuzband total gerissen war. Eigentlich hätte es sofort operiert werden müssen, aber kein Arzt traute sich an diese komplizierte Operation. Sie war deshalb so kompliziert, weil die Ärzte ein neues Kreuzband direkt am Knochen befestigen müssen. Hierdurch bestand die große Gefahr, dass mein Knochen durch die Glasknochen zersplittern könnte.

Im Fernsehen habe ich dann zufällig, bei einer TV-Show von Margarete Schreinemakers gesehen, dass dort ein Professor mit seinem Patienten aufgetreten ist, der auch OI hat. Der Professor hat erklärt wie er diesen OI-Patienten in seiner Klinik behandelt. Vielleicht konnte der ja auch in meinem Fall helfen???

Ich habe sofort einen Brief an die Redaktion von Frau Schreinemakers geschickt und denen meinen Fall geschildert und angefragt, ob sie mir die Adresse von diesem Professor zuschicken können.
Tatsächlich bekam ich die Adresse und gleichzeitig bekam ich eine Einladung zur Sendung.

Dort sollte ich zusammen mit noch drei weiteren OI-Betroffenen und dem Professor auftreten und über meine Erfahrungen berichten. Ich war ganz stolz auf diese Einladung und habe mich riesig gefreut. Es sollte so laufen, dass

zuerst ein Filmteam zu uns nach Hause kommt, um einen kurzen Vorfilm zu drehen.
Dieses Team kam dann auch mit riesen Ausrüstung bei uns an. Allerdings hatten diese Herren einen sehr merkwürdigen Humor. Da die Filmaufnahmen sehr lange dauerten, habe ich den Herren in der Filmpause einen Kaffee angeboten. Zu dieser Zeit hatte ich ein blau gesprenkeltes Service mit blauen Untertellern. Der eine Herr hat mich dann gefragt, ob das die Glasknochentassen in Sklerenblau wären. Also etwas Blöderes habe ich noch nie gehört. Als mich dann der Nächste noch fragte, ob so ein Knochenbruch denn weh tut, konnte ich es kaum noch fassen. Die haben einen auf so superwichtig und schlau gemacht und hatten doch überhaupt keine Ahnung, um was es ging.

Leider wurde die Sendung aufgrund einer Programmänderung dann aber doch nicht wie geplant gesendet. Schließlich war der neue Verlobte von Prinzessin Stephanie von Monaco ja auch wichtiger! Der Beitrag wurde stark gekürzt und fand schließlich nur mit dem OI-Betroffenen der ersten Sendung und dem Professor statt.

Ich hatte inzwischen auch einen Termin bei ihm bekommen und so habe ich mich am 22.04.1997 in seiner Klinik in Düsseldorf vorgestellt. Dort wurde mein Knie gründlich untersucht und der Professor hat mir eine Kreuzbandplastik empfohlen und er war auch bereit diesen Eingriff durchzuführen. Der Professor sagte zwar auch, dass der Eingriff kompliziert ist, aber das man deshalb lieber überhaupt nichts macht, kann ja wohl nicht sein. So wurde der Eingriff dann im Juli 1997 durchgeführt.

Einen Monat vor diesem Eingriff, bekam ich einen Brief vom Professor, in dem er mir mitteilte, dass im August wahrscheinlich eine erneute medizinische Runde bei RTL über die Glasknochen gesendet werden sollte und er hat mich eingeladen, an dieser Sendung teilzunehmen. Aber auch hieraus wurde dann doch wieder nichts.

Von der Knieoperation habe ich mich nur sehr langsam erholt. Normalerweise trägt man nach so einer Kreuzbandoperation ca. 6 Wochen eine Knieorthese und darf das Knie nicht belasten und danach kann man dann langsam wieder mit der Belastung anfangen. Bei mir waren es dann aber statt 6 Wochen, 6 Monate. Danach durfte ich erst langsam mit einer Teilbelastung anfangen. Es war eine schreckliche Zeit für mich.

Janina war zu diesem Zeitpunkt 7 Monate alt und konnte auch noch nicht laufen. In den ersten drei Wochen nach der OP hat Rolf Sonderurlaub bekommen, um sich um Janina und um unseren Haushalt zu kümmern. Nach diesen drei Wochen bekamen wir dann von der Krankenkasse eine Haushaltshilfe gestellt. Da bei mir aber der Krankheitsverlauf ganz anders war, als bei anderen und alles auch viel länger dauerte, musste ich zwischendurch immer wieder einen neuen Antrag für eine Haushaltshilfe stellen. Da die Überprüfung der Krankenkasse immer ewig gedauert hat, da hier erst der medizinische Dienst urteilen musste, kam es immer zu wochenlangen Verzögerungen und das bedeutete, dass es in der Zeit auch kein Geld für die Haushaltshilfe gab. Ich war froh, dass mir in dieser Zeit eine Freundin geholfen hat, denn sonst wären wir überhaupt nicht klar gekommen.
Die Haushaltshilfe wurde uns auch nur für ein paar Stunden bewilligt und in der anderen Zeit, bis Rolf von der Arbeit kam, musste ich sehen, wie ich zurechtkomme. In dieser Zeit kam mir immer ein Spruch meiner Oma in den Sinn, der da lautete: „Alle Leute sind beschissen, die sich nicht zu helfen wissen." So hatte ich für den Notfall einen Buggy im Kinderzimmer stehen und mit dem habe ich Janina dann von einer zur anderen Stelle gefahren. So konnte ich mich am Buggy festhalten und brauchte Janina auch nicht tragen.

An manchen Tagen habe ich mir gewünscht, dass einer von diesem medizinischen Dienst auch mal in meine Lage kommt und mal merkt, wie es ist, auf andere angewiesen zu sein. Was die da manchmal beurteilen weiß ich auch nicht, oft habe ich den Eindruck, dass Anträge gar nicht gelesen werden, denn sonst wäre das Nachfolgende auch nicht passiert. Ich habe von meinem Orthopäden nach der OP eine ambulante Rehamaßnahme am Wohnort verordnet bekommen. Eine Kur wollte ich nicht machen, da Janina noch so klein war. Gut ich bekam 20 Stunden bewilligt und machte auch schon ein paar Fortschritte. Da bei mir alle Übungen nur sehr vorsichtig durchgeführt wurden und alles auch nur sehr langsam voran ging, hat mein Arzt nach den 20 Stunden eine Verlängerung der Rehamaßnahme beantragt. Erst mal hat man überhaupt nichts von der Krankenkasse gehört. Wenn ich telefonisch nachgefragt habe, hat man mir erklärt, dass der medizinische Dienst das zurzeit überprüft und ich einen Bescheid darüber bekomme. Dieser Bescheid kam dann auch endlich, aber was drin stand konnte ich kaum glauben, a b g e l e h n t!? Es war unfassbar und mein Arzt und ich haben sofort einen Widerspruch eingereicht. Wieder vergingen 12 lange Wochen, bis der neue Bescheid kam. Nun teilte man mir mit, dass die Behandlung selbstverständlich fortgeführt werden muss und eine Behandlungsunterbrechung nicht sinnvoll ist. Bei so einem Schreiben kann man sich nur noch an den Kopf fassen! Nach über 12 Wochen Behandlungspause war die Muskulatur schon wieder zurückgegangen. Ich habe zwar die Übungen die ganze Zeit zu Hause gemacht, aber das Krafttraining mit den Geräten konnte ich zu Hause nicht machen. Es hat fast ein Jahr gedauert, bis ich wieder einigermaßen und ohne Krücken laufen konnte.

Mr. X

Man sollte ja meinen, dass es mir nach der überstanden Knie-OP super gut ging und ich eigentlich glücklich und zufrieden hätte sein müssen, da ich doch eigentlich alles hatte. Ein gesundes Kind, einen lieben Ehemann und eine schöne Wohnung.

Dies war aber leider nicht so. Mit den Knochen ging es jetzt ganz gut, aber so, wie in vielen Ehen schlich sich bei uns langsam immer mehr der Alltag ein. Wir waren nur noch Zuhause und wir haben auch kaum noch etwas zusammen unternommen und wegen jeder Kleinigkeit hatten wir uns in den Haaren.

Ich habe versucht mit Rolf darüber zu reden, aber er verstand mich nicht und ich ihn nicht. Wir redeten aneinander vorbei. Ich wollte zu Hause raus, mal wieder etwas unternehmen, einfach nur mal Spaß haben. Rolf hat keine Lust dazu, außerdem kam er mit seiner Lieblingsausrede, dass ausgehen zu teuer ist. Sachen, die man machen kann, die kein Geld kosten, fielen ihm nicht ein.

Nein, so wollte ich nicht mehr leben! Das kann ich doch unmöglich bis an mein Lebensende so weiter machen. Auf dem Sofa sitzen kann ich auch, noch wenn ich 70 bin und um etwas zu unternehmen, brauche ich kein Geld. Mit der Zeit wurde mir dieser Zustand egal, na dann soll er doch auf seinem Sofa liegen bleiben, ich kann auch alleine etwas unternehmen. Ich hatte keine Lust mehr, der alleinige Unterhalter unserer Ehe zu sein.

Durch eine Freundin lernte ich, nennen wir ihn mal Mr.X, kennen. Er war damals der Auszubildende auf ihrer Arbeit und wenn sie mich zu Hause besuchte, kam er meistens mit und so sahen wir uns immer öfter. Irgendwann waren schließlich auch die Schmetterlinge im Bauch nicht mehr zu ignorieren. Rolf beachtete mich zu diesem Zeitpunkt kaum noch. Mr. X dagegen beachtete mich umso mehr. So war ich die meisten Abende nicht mehr zu Hause. Hätte Rolf damals nur einmal gesagt, geh nicht, vielleicht hätte das noch etwas geändert. Er tat es aber nicht und stattdessen saß er nur beleidigt rum und schwieg.

So kam das was kommen musste, ich hatte mich in Mr. X. verliebt. Hätte mir damals jemand gesagt, dass mir so etwas einmal passieren würde, ich hätte ihm nicht geglaubt.

Mr. X war aber leider nicht der für den ich ihn gehalten habe, nur bemerkte ich dies leider zu spät. Wie sagt man doch so schön, Liebe macht blind? Da scheint tatsächlich etwas Wahres dran zu sein, denn anders kann ich es mir nicht erklären, dass ich nicht viel früher gemerkt habe, dass etwas nicht stimmt.

Zunächst lief alles super. Mr. X hatte Zeit, war da und hatte Verständnis und mein Handy stand vor ankommenden SMS-Nachrichten kaum noch still. Damals habe ich schon geglaubt, es gäbe sogar eine telepathische Verbindung zwischen uns. Immer wenn ich an ihn dachte, piepste kurz darauf garantiert mein Handy und es war eine SMS-Nachricht von ihm.

Leider war es aber auch so, dass die wichtigsten Gespräche unserer Beziehung über das Handy liefen und mit 160 Textzeichen eine Beziehung zu führen ist nicht so einfach. Eine SMS wird immer nur so gelesen, wie man sie lesen will und oft nicht so wie sie gemeint ist. Dies führte dazu, dass es zu ersten Unstimmigkeiten kam. Als er dann auch noch bei einem gemeinsamen Abendessen, unsere Beziehung als Sonnenscheinbeziehung bezeichnete, läuteten bei mir alle Alarmglocken. Mir war klar, er wollte nicht das, was ich wollte, aber ich wollte es nicht wahr haben. Ich traute mich nicht, ihn direkt danach zu fragen, weil ich meine Vermutung einfach nicht bestätigt haben wollte. Je mehr ich danach versuchte rauszufinden, was er wirklich empfand, desto mehr ging er auf Rückzug. So lange ich keinen Stress machte war alles in Ordnung, aber es war nicht das was ich wollte.

Als ich ihn deshalb einmal fragte, ob er lieber Schluss machen möchte, verneinte er dies. Dadurch hatte ich wieder Hoffnung, dass ihm unsere Beziehung doch nicht ganz gleichgültig ist. Ich sollte mich jedoch täuschen. Nach einem letzten gemeinsamen Abendessen meldete er sich plötzlich nicht mehr. Auf meine SMS-Anfragen bekam ich keine vernünftigen Antworten mehr. Da ich sein Verhalten nicht so richtig verstand, bat ich ihn um eine Aussprache, die er aber nicht wollte. Stattdessen bekam ich noch eine letzte, ziemlich verletzende SMS gesendet, deren Wortlaut ich nie im Leben vergessen werde.

Sie lautete: „Mit der Präsentation deiner Minderwertigkeitskomplexen kannst du demnächst andere belästigen!" SUPER SPRUCH! Er war zu feige sich mit mir zu einer Aussprache zu treffen, aber warf mir Minderwertigkeitskomplexe vor. Ich fragte mich, wer von uns denn da wohl die größeren Komplexe hatte. Der erste Impuls darauf war, das ich am liebsten zu ihm gefahren wäre, um ihn zur Rede zu stellen. Doch die Vorstellung auch noch von ihm ausgelacht zu werden, weil ich so blöde war, mich auf ihn einzulassen, hielt mich davon ab.

Es tat sehr weh, vor allem weil ich ihm so ein mieses Verhalten nie zugetraut habe, aber leider kann man ja jedem nur vor den Kopf schauen und nicht hinein.

Es war auch nicht so einfach das Ganze danach in eine Schublade, schlechte Erfahrungen zu stopfen und zu vergessen und so lernte ich nur ganz langsam, damit umzugehen. Wie es manchmal mit so voll gestopften Schubladen so ist, guckt man noch ab und zu rein, um zu sehen was da alles so drin ist. Dann kommt alles wieder hoch, aber es ist nun mal ein Teil meines Lebens und so muss ich es wohl akzeptieren.

Unser Krümelchen

Durch dieses Gefühlschaos und durch Rolfs gleichgültiges Verhalten war unsere Ehe kurz vor dem Aus. Irgendwann haben wir es aber geschafft und uns ausgesprochen. Wir wollten versuchen unsere Ehe zu retten, schon unserer Tochter zu liebe, aber ich konnte Rolf nichts versprechen. Ich wollte die Sache mit Mr. X auch nicht einfach so abhaken, als ob es sie nicht gegeben hätte und schon gar nicht wollte ich nur bei ihm bleiben, weil es mit Mr. X nicht geklappt hatte. So hat es gedauert, bis wir wieder einigermaßen mit einander klar kamen und wir gingen langsam, Schritt für Schritt aufeinander zu. Dann haben wir einen gemeinsamen Urlaub in der Türkei gemacht und zum ersten Mal nach langem hatte ich das Gefühl, dass wir wieder eine Familie sind. Von da an lief es zwischen uns wieder besser und wir haben uns dazu entschlossen, es mit einem zweiten Kind zu versuchen. Na ja, wie auch bei Janina, hatte ich wieder die gleichen Zyklusprobleme und so klappte es nicht mit einer Schwangerschaft. Mein Frauenarzt hat mir geraten, es mit Hormontabletten zu versuchen. Gleich nach dem zweiten Tablettenversuch war ich schwanger. Wir haben uns riesig über diese Schwangerschaft gefreut und ich hatte das Gefühl das nun, mit unserem Krümelchen, endlich alles wieder richtig gut läuft.

Daran, dass irgendetwas schief gehen könnte, habe ich im Traum nicht gedacht. Mir ging es, wie in der ersten Schwangerschaft auch, nicht besonders gut, da ich wieder unter ständigem Erbrechen litt. Als ich in der neunten Woche dann meinen Frauenarzt aufsuchte, um meine Arbeitsunfähigkeitsbescheinigung verlängern zu lassen, hat er gesagt, dass er mal einen Kontrollultraschall machen wollte. OK, warum nicht? Während der Untersuchung wurde sein Gesicht plötzlich ganz ernst. Ich wusste sofort, dass irgendetwas nicht stimmt. Erst sagte er nichts, aber sein Gesicht wurde immer ernster. Janina war mit im Untersuchungszimmer und hatte dort mit dem Arzt rumgealbert, aber auch zu ihr sagte er plötzlich nichts mehr. Nach einer Weile sagte er dann, ich kann die Herzaktion nicht sehen. Mein Herz hat sich zusammengekrampft und mir liefen eiskalte Schauer den Rücken runter. Und, was bedeutet das, fragte ich, obwohl ich genau wusste was dies bedeutet. Ich konnte es nicht glauben, aber es deutete alles darauf hin, dass unser Baby tot war. Ich sollte gleich am nächsten Morgen zum Krankenhaus fahren, um hier noch eine Kontrolluntersuchung und die anschließende Ausschabung machen zu lassen. Ich bin erst mal total fassungslos nach Hause gefahren und als Rolf mich tränenüberströmt sah, wusste er gleich, was passiert war.

Er hat mich nur in den Arm genommen und versucht mich zu trösten. Ich habe die ganze Nacht nicht geschlafen und wollte es einfach nicht wahr haben. Ich hatte immer noch das Erbrechen und ich hatte doch auch noch alle anderen Schwangerschaftsanzeichen. Der Arzt musste sich geirrt haben, eine andere Möglichkeit konnte es gar nicht geben. Ich kann doch unmöglich ein totes Baby in meinem Bauch haben. Irgendwie ging diese Nacht rum und wir sind ins Krankenhaus gefahren. Leider bekam ich hier die gleiche Diagnose, aber diesmal ziemlich gefühllos mitgeteilt. Ich bekam einen Weinkrampf nach dem anderen und irgendwie haben sie mir dann den Ausschabungstermin für den nächsten Tag mitgeteilt. Da wir den 1. Mai, also einen Feiertag hatten, bekam ich den Termin am 02. Mai. Ich war fix und fertig und dann ständig der Gedanke, dass das Baby in meinem Bauch tot ist. Am 02. Mai wurde der Eingriff dann vorgenommen. Für die Ärzte und Krankenschwestern dort, ein Routineeingriff, aber für mich war es ein Weltuntergang. Ich werde nie vergessen, wie eine „mitfühlende" Krankenschwester mir kurz nach dem Eingriff erzählt hat, dass sie schwanger ist und ihre kleine Tochter immer nach den Ultraschallbildern fragt. Ich habe nur noch geantwortet, dass ich nun meiner Tochter erklären muss, warum auf unseren Ultraschallbildern nichts mehr zu sehen ist. Sie sagte nichts mehr. Am gleichen Abend durfte ich dann nach Hause, aber ich habe nichts empfunden. Ich konnte noch nicht mal mehr weinen. Ich habe mich ständig gefragt warum ist das passiert, ist das jetzt die Strafe für Mr. X.???

Ich war zu kaum etwas in der Lage und nach 3 Wochen Arbeitsunfähigkeit, hat mein Arzt mir empfohlen, dass ich doch am besten wieder arbeiten gehen soll, da mich das auch ablenken würde. Drei Tage vor meinem Arbeitsbeginn habe ich dann einen Arbeitskollegen getroffen, der mir erzählt hat, dass meine Arbeitsstelle schon besetzt, ist und zwar mit der Tochter von meinem Chef. Dabei hatte ich einen Tag vorher auf meiner Arbeitsstelle angerufen und gesagt, dass ich wieder zurückkomme und habe mich auch erkundigt, ob es etwas Neues gibt. Nein, es gibt nichts Neues, war die Antwort. Ich war total sauer und enttäuscht über dieses Verhalten und bin dann gleich noch ein Stück tiefer in das Loch gefallen. Am ersten Arbeitstag wurde ich dann auch gleich ins Büro gerufen und mein Chef hat mir erzählt, was ich ja bereits schon wusste. Das er halt dachte ich komme nicht mehr wieder und er so seine Tochter eingestellt hat. Ich war sauer, weil er nicht vorher mit mir geredet hat, denn selbst wenn ich das Baby nicht verloren hätte, hätte ich ja wieder arbeiten gehen können. Da mein neues Aufgaben-gebiet noch nicht ganz klar war und wie das jetzt alles überhaupt laufen sollte und ich befürchtete, dass ich meine Arbeit verliere, habe ich mich erst mal bei meinem Rechts-anwalt erkundigt, welche Möglichkeiten ich hier habe. Die größte Angst hatte ich, dass nun auch noch die Arbeitsstelle weg ist. Der Rechtsanwalt hat mich dann beruhigt und mir erklärt, dass eine Kündigung nicht so einfach möglich ist.
Da ich am liebsten eh alles hingeschmissen hätte, war mir in der darauf folgenden Zeit auch so ziemlich alles egal, was in der Firma ablief.

Von der Fehlgeburt habe ich mich nur sehr langsam erholt. Mein Arzt hat mir schließlich eine Kur verordnet, damit ich wieder zu mir finden konnte. Gleich in den ersten Tagen habe ich mich dort zu einem psychologischen Gespräch angemeldet. Bis zu diesem Zeitpunkt habe ich von Psychologie nicht viel gehalten, aber ich wusste nicht mehr weiter und war völlig am Ende. Die Psychologin dort war sehr nett und hat mir erst mal versucht auszureden, dass die Fehlgeburt meine Schuld war. Ich habe die Fehlgeburt bis zu diesem Zeitpunkt wohl als Strafe Gottes angesehen, aber sie hat mir erklärte, dass ja auch vielleicht das Gegenteil der Fall war. Das dieses Kind vielleicht sehr krank war und Gott mich durch die Fehlgeburt davor bewahren wollte, ein krankes Kind zu bekommen. Es ist schon komisch wie so ein Satz wie, „kleine Sünden bestraft der liebe Gott sofort...", der Eltern plötzlich so wichtig wird. Außerdem hat sie mir erklärt, dass ich für das, was mir damals mit Mr. X passiert ist, nicht alleine verantwortlich bin. Rolf und Mr. X waren daran auch nicht ganz unschuldig.

Ich habe durch dieses Gespräch alles einmal von einer anderen Seite gesehen und dadurch ging es mir nach langer Zeit wieder besser. Irgendwie konnte ich mich mit dem Gedanken anfreunden, dass das Kind vielleicht wirklich schwer krank war und die Fehlgeburt so für uns alle besser war.

Angst und Panik

Nach der Kur klappte alles wieder viel besser. In der Ehe war ich glücklich, so wie lange schon nicht mehr. Ich hatte das Gefühl aus einem bösen Albtraum erwacht zu sein und auch die Arbeit machte mir auch wieder Spaß.

Als wir dann eines Tages einen Familienausflug ins Schwimmbad gemacht haben, begann ein neuer Albtraum. Rolf schwamm mit Janina im Kinderbecken und ich nutzte die Zeit, um ein bisschen alleine zu schwimmen. Mitten im Becken hatte ich plötzlich das Gefühl zu ertrinken. Der Beckenrand war zu weit weg und so strampelte ich wie eine Blöde im Wasser. Ich habe um Hilfe gerufen, aber zunächst hat keiner reagiert. Ich dachte nur noch, toll, so viele im Wasser und keiner hilft und deine eigene Familie bekommt es noch nicht einmal mit, wenn du hier jetzt ertrinkst. Plötzlich packte mich eine Hand und ein Mann fragte mich, ob er mir helfen soll. Er hat mich dann zum Beckenrand gebracht, wo ich dann zitternd auf Rolf und Janina wartete. Er hatte überhaupt nichts mitbekommen und er fragte mich dann noch, warum ich mich nicht einfach hingestellt hätte. An der Stelle wo ich nämlich war, hätte ich auch stehen können. Ich war verwundert, warum mir die Idee überhaupt nicht in den Sinn kam. Nun, dies war ein typischer Panikanfall und es war der Erste von vielen.

Der zweite Panikanfall ließ auch nicht lange auf sich warten. Ich war mit Janina in einem großen Einkaufsladen einkaufen und plötzlich habe ich alles verschwommen gesehen. Die Stimmen wurden so komisch, ich dachte ich kippe mitten im Laden um und weiß auch nicht mehr, wie ich aus dem Laden rausgekommen bin.

Zuhause wurde es immer schlimmer, die Angst vor dem nächsten Anfall machte mich verrückt. Da meine Schwester mir erklärt hat, dass sie so etwas Ähnliches auch schon erlebt hat und seit Monaten in psychologischer Behandlung ist, habe ich mich bei einer Beratungsstelle erkundigt, wo ich nun hingehen kann. Ich bekam einen Termin bei einer Psychologin in einem Beratungszentrum in meiner Nähe.

Das Gespräch lief aber nicht so gut, da diese Psychologin noch eine Praktikantin mit ins Zimmer genommen hat. Es ist eh schon schwer völlig Fremden sein Intimstes zu erzählen und dann noch vor einer Praktikantin.

Ich war von dem Gespräch sehr enttäuscht und bin zu meinem Hausarzt gegangen, um ihn um Rat zu fragen. Der hat mich dann zum Neurologen geschickt und dieser wiederum hat mir eine Überweisung zum Krankenhaus gegeben, um eine Schädelaufnahme machen zu lassen. Mittlerweile habe ich nämlich schon geglaubt, in meinem Kopf wächst ein Tumor. Zum Glück war diese Untersuchung aber in Ordnung und der Neurologe hat mir eine Liste mit Psychologen in meiner Nähe mitgegeben. Eine Freundin von mir konnte mir eine Psychologin auf der Liste empfehlen und da sie dort selbst zur Therapie geht, hat sie dort nachgefragt, ob sie mich auch behandeln kann. Eigentlich wollte die Psychologin zu diesem Zeitpunkt niemanden mehr aufnehmen und sie hatte eine Warteliste von einem Jahr. Dies war bei anderen Therapeuten aber auch der Fall. Ich bekam aber schon mal 5 Probesitzungen und ich habe eine Menge über die Angst und Panikattacken erfahren. Auf die Therapie selber musste ich noch Monate warten, aber ich hatte für den Notfall eine Adresse und das beruhigte mich erst einmal. Dieser Notfall sollte aber schneller kommen als gedacht.

Die 3. Schwangerschaft

Nach den 5 Probesitzungen war auch dieses schreckliche Jahr endlich vorbei und Silvester hatten wir, eigentlich mehr meine Mutter, so einen komischen Verdacht. Da ich mir mit Heißhunger die Bratrollmöpse reingetan habe und diese eigentlich nicht so gerne esse, kam dann auch schnell ihre Frage. Bist du vielleicht schwanger??? Mhm, gute Frage, die mir schließlich ein paar Tage später der Schwangerschaftstest und mein Frauenarzt bestätigt hat. Diesmal war aufgrund der Fehlgeburt mehr Angst als Freude da. Hunderte Fragen wie z. B. was ist, wenn das noch einmal passiert usw.. Mein Frauenarzt war total lieb und hat alle 14 Tage einen Ultraschall gemacht. Wenn bis zur 12. Woche alles gut geht, dann haben wir es geschafft, dann kann eigentlich nichts mehr passieren. Diesmal ging es mir sogar super und die Übelkeit hielt sich in Grenzen. Auf der Arbeit habe ich zunächst noch nichts gesagt und gedacht ich warte erst mal ab. Frühestens nach der gut überstandenen 12. Woche wollte ich etwas sagen. In der 11. Woche, zwei Tage vor meinem 36. Geburtstag, haben wir wieder eine Ultraschallkontrolle gemacht. Unserem Baby ging es richtig gut. Ein kräftiger Herzschlag, gut gewachsen und dann zum Schluss drehte es sich und machte auch noch einen Purzelbaum. Ich war mir so sicher, dass diesmal alles gut geht und die gefährliche Zeit war ja auch nach nur noch einer weiteren Woche endlich vorbei.

Als ich dann endlich in der 12. Schwangerschaftswoche war, traute ich mich auch endlich, mir die erste Umstandshose zu bestellen. Was sollte jetzt noch passieren??? Da kam es plötzlich zu Zwischenblutungen. Ich wusste sofort, dass etwas nicht stimmte. Ich habe sofort den Arzt angerufen und er hat mir erklärt, dass das nichts Schlimmes sein muss. Ich sollte mich hinlegen und erst mal abwarten. Die Blutung ließ wieder nach und ich beruhigte mich wieder etwas. Am anderen Morgen waren sie aber wieder da und ich fuhr zu meinem Frauenarzt. Ich wusste da schon, was er mir bei dem Ultraschall sagen würde. Er hat den Ultraschall gemacht und wieder dieses Gesicht. Er konnte es selber nicht glauben, da doch alles so gut gelaufen war. Der Ultraschall dauerte ewig. Ich habe die ganze Zeit auf dieses Bild gesehen. Da die Schwangerschaft ja diesmal schon etwas weiter war, wie bei der ersten Fehlgeburt, war das Baby ja auch schon viel besser zu sehen. Immer wieder drückte mein Arzt mir auf den Bauch, weil er dachte es lebt noch. Dieses Bild werde ich nie vergessen.

Das Baby wird durch den Druck etwas nach unten gedrückt und schwebt dann leblos wieder in die alte Position. Ich habe nur gedacht, nun wach doch auf, es kann doch nicht möglich sein. Ich habe überhaupt nicht mehr reagiert. Ich habe nur noch die Einweisung für Krankenhaus mitgenommen und bin ohne irgendeine Regung nach Hause gefahren. Mein Frauenarzt hat mir hinterher gesagt hat, dass er sich darüber die meisten Sorgen gemacht hat. Irgendwie bin ich nach Hause gekommen und erst dort kam der Zusammenbruch. Wir sind dann gleich ins Krankenhaus gefahren, wo dann noch einmal die Ultraschalluntersuchung gemacht wurde. Auch hier konnte keiner diese Diagnose so recht glauben und so wurde die Ultraschalluntersuchung auch hier ewig lange vorgenommen. Man wollte keinen Fehler machen. Es war so grausam. Du siehst wie dein Kind, was nur eine Woche vorher, quietschvergnügt war, plötzlich leblos in dir ist. Den Termin zur Ausschabung bekam ich für den nächsten Tag und wieder musste ich mit unserem toten Kind im Bauch noch eine ganze Nacht verbringen. Die ganze Nacht wieder diese Frage warum, warum gleich zweimal, Mr. X. kam mir auch wieder in den Sinn. Wann habe ich genug für diesen Fehler bezahlt? Dann die Hoffnung, vielleicht haben sich die Ärzte doch geirrt und dann das Flehen an unser Baby, nun bewege dich doch, das kann doch nur ein Irrtum sein. Es war aber kein Irrtum und so ging es am nächsten Morgen ins

Krankenhaus. Aufgrund des Vorfalls mit der Krankenschwester und des wenig mitfühlenden Personals habe ich diesmal allerdings ein anderes Krankenhaus gewählt.

Hier waren alle sehr nett und verständnisvoll. Das furchtbare an diesem Krankenhaus war nur, dass hier die Neugeborenenstation mit auf der gleichen Station war. So saß ich auf dem Krankenhausflur und musste für die Ausschabung meines Kindes unterschreiben, während ich aus einem anderen Zimmer, Geschrei eines Neugeboren hören musste. Auch während ich später im Zimmer darauf gewartet habe, dass man mich in den OP fährt, konnte ich das Geschrei ständig hören.

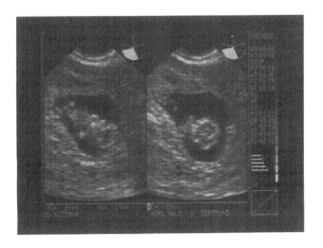

Das einzige Bild von unserem Kind

Die nachfolgenden Wochen waren sehr schwer und die Leere in mir war manchmal kaum auszuhalten. Durch die Psychotherapie kam ich ganz langsam wieder aus dem Loch heraus und versuche eine Antwort auf das WARUM zu finden. Mein Frauenarzt gab mir eine Überweisung zur

Humangenetik, damit die Untersuchungen machen können, warum es zu zwei Fehlgeburten kommen konnte und sie sollten dort eine Möglichkeit finden, doch noch schwanger zu werden. 5 Tage nach der Ausschabung saßen wir dann also bei der Humangenetikerin und ließen uns beraten. Sie erklärte uns, dass man ja eigentlich erst nach der 3. Fehlgeburt anfängt mit großen Untersuchungen, aber in meinem Fall kann man ja schon mal eine Ausnahme machen. Es war unfassbar, was glaubte die denn, sollte ich jetzt abwarten, bis ich noch eine Fehlgeburt habe, bevor jemand etwas unternimmt??? Für mich war es schlimm, auch wenn es aus medizinischer Sicht nichts Besonderes war. Sie hat mir noch einen Termin zur Blutabnahme gegeben für irgendwelche Untersuchungen, aber da ich ständig heulen musste, habe ich noch nicht mal richtig mitbekommen, was sie genau untersuchen wollte. Ich habe nur etwas von Chromosomenstörung mitbekommen, aber ich war so fertig, dass ich es nicht einmal genau wissen wollte. Einen Monat später kam dann ein Brief mit dem Ergebnis dieser Blutuntersuchung. Man teilte uns mit, dass die Chromosomenanalyse in Ordnung war und sich keine Ursache für die Fehlgeburten daraus ableiten lässt. Einerseits war ich sehr erleichtert, aber andererseits war das WARUM immer noch nicht geklärt.

Ich ging deshalb noch einmal zu meinem Frauenarzt und der gab mir eine Überweisung für die Uniklinik Essen. Er hatte eine Patientin, die ein ähnlich schwerer Fall war und die auch dort in Behandlung war und auch schwanger wurde. Gleichzeitig erklärt er mir an diesem Tag, dass er seine Praxis schließen will und bald eine Nachfolgerin in die Praxis kommt. Ich war total geschockt, denn er war ein super Arzt und in der Praxis war das Klima immer sehr familiär. Was soll ich ohne ihn machen und wo finde ich einen Arzt wie ihn?

Voller Hoffnung fuhren wir nach Essen, zunächst aber nur zum Beratungsgespräch. Auch hier erklärt man mir, dass Fehlgeburten häufig vorkommen und man erst nach der 3. Fehlgeburt anfängt, richtig nach den Gründen zu suchen, aber man in meinem Fall natürlich jetzt auch schon mal eine Untersuchung machen würde. Wir bekamen einen Blutabnahme- und einen Untersuchungstermin für Anfang Mai und fuhren wieder nach Hause.

Ein paar Wochen später wurde die Nachfolgerin für meinen Frauenarzt dann in der Praxis tätig und ich bin einmal zu ihr gegangen, um zu testen, wie sie so ist. Ich hatte gehört, dass sie auch sehr viel mit Homöopathie macht und es wäre ja nicht schlecht gewesen, einen natürlichen Weg zu finden, um schwanger zu werden. Als ich sie das erste Mal gesehen habe, war sie mir allerdings sofort unsympathisch und auch das Gespräch mit ihr verlief auch nicht besonders gut. Sie hatte ein falsches Lächeln und was mich auch an ihr störte, war, dass sie es noch nicht mal nötig hatte, Janina, die ich mitgenommen hatte, zu begrüßen. Sie fragte mich erst einmal, was das überhaupt mit der Untersuchung in der Uniklinik Essen sollte. Die wäre ja überhaupt nicht nötig, da es auch hier in Dortmund genug gute Ärzte gibt. Ich habe ihr erklärt, dass mich ihr Vorgänger dorthin geschickt hat, weil er gute Erfahrungen mit der Klinik gemacht hat. Ich habe sie dann noch nach möglichst natürlichen Wegen gefragt, um schwanger zu werden, aber sie meinte, dass es da nichts gibt und man sich das in meinem Alter doch auch überlegen sollte. Ich war entsetzt, was bildete sich diese Frau bloß ein. Ich war gerade mal 36 Jahre alt und andere bekommen mit 40 Jahren ihr erstes Kind. Das war das erste und auch das letzte Mal, dass ich bei dieser Frauenärztin war.

Am 07.05.02 fuhren wir dann zum zweiten Untersuchungstermin nach Essen. Das Sonografieergebnis bekam ich sofort mitgeteilt, es war alles in Ordnung und die

Blutergebnisse würden mir dann zugeschickt. Das könnte allerdings ein paar Wochen dauern. Nachdem ich nach drei Monaten immer noch kein Ergebnis hatte und man mir auch telefonisch nicht helfen konnte, habe ich einen Brief an den Direktor der Klinik geschrieben und ihm von dem Vorfall berichtet. Ich bekam ein Entschuldigungsschreiben und die Zusage, dass sich der behandelnde Arzt sofort nach seinem Urlaub melden würde. Dieses war am 06.08.02 und ich ging davon aus, dass das nun auch so läuft, aber das war wohl ein großer Irrtum.

In der Zwischenzeit habe ich meine Frauenarztpraxis gewechselt und bin nun bei einem supernetten Frauenarzt, der damals Oberarzt im Krankenhaus war, in dem ich Janina zur Welt gebracht habe. Bei ihm habe ich telefonisch nachgefragt, ob die einen Bericht aus Essen haben. Ja, er habe einen Bericht bekommen, allerdings war dies nicht das Ergebnis der Blutuntersuchung, sondern der Befund der Sonografie. Die Blutergebnisse waren immer noch nicht da. Es hat dann noch bis zum 19.05.03, also noch einmal fast 9 Monate hingezogen, bis endlich ein Blutergebnis vorlag. Es wurde eine APC-Resistenz (eine Gerinnungsstörung) festgestellt. Eine weitere Schwangerschaft sei aber trotzdem möglich, ich müsste nur von Beginn an Medikamente nehmen, damit es nicht zu dieser Störung kommt und die Schwangerschaft müsste gut überwacht werden. Also eigentlich kein großes Problem.

Jetzt bräuchte ich nur noch schwanger werden, aber dies ist das viel größere Problem. Da sich die Zyklusstörung noch immer nicht gebessert hat, klappt es auch diesmal mit einer Schwangerschaft nicht. Die Zyklusstörung in den Griff zu bekommen ist nicht so leicht und eine Hormonbehandlung lehne ich ab, da diese Behandlung zu viele Nebenwirkungen hat. Wir haben nun beschlossen es auf natürlichem Weg zu versuchen und überhaupt nichts mehr in dieser Richtung zu unternehmen. Entweder klappt es noch einmal, oder es soll nicht mehr sein.

So langsam fange ich auch an, die Sachen die ich von Janina aufgehoben habe, abzugeben. Allerdings fällt mir dies noch sehr schwer und es wird sicher noch seine Zeit brauchen.

Ein echter Wirbelwind

Janina ist nun bereits 9 Jahre alt und hat sich zu einem echten Wirbelwind entwickelt. Ich glaube sie sollte eigentlich ein Junge werden, denn sie ist überall da zu finden, wo Jungs sind und spielt am liebsten mit ihnen Fußball und mit Autos. Mädchen findet sie doof, weil die immer so blöd grinsen (sagt sie) und Puppen mag sie auch nicht. Im Kindergarten hatte sie immer ihre Jungenclique und auch jetzt in der Schule ist sie lieber bei den Jungs. So hat sie sich gleich zum Schulbeginn zur Schul-Fußball-AG angemeldet und spielt seitdem begeistert mit. Gleich nach der ersten Stunde hat uns der Sportlehrer gefragt, ob wir sie nicht bei einem Fußballverein anmelden wollen, da sie so gut spielt. Wir sind dann auch einmal zum Probetraining gefahren, aber das Training dort war ihr dann doch zu anstrengend und ich war ehrlich gesagt auch heil froh, dass es jetzt „nur" beim Schulfußball bleibt. Da es beim Fußball ja doch manchmal ziemlich hart zugeht, habe ich jedes Mal schreckliche Angst, dass sie sich einen Knochen dabei brechen könnte. Wenn ich ihr bei einem Spiel zusehen muss, sterbe ich fast vor Angst, wenn ich sie so über das Spielfeld fegen sehe. Ich versuche aber, mir von meiner Angst nichts anmerken zu lassen. Wenn ich zu Hause sitze und darauf warte, dass ich sie wieder vom Training abholen kann, zucke ich jedes Mal zusammen, wenn bei uns in dieser Zeit das Telefon klingelt, da ich dann denke, dass es die Schule sein könnte. Wie bei den großen Fußballern, hat Janina schon ein paar Schrammen abbekommen und im letzten Jahr hat sie sich sogar einen Mittelfußknochenbruch zugezogen. Wenn sie mir dann aber verschwitzt und mir rot leuchtenden Wangen entgegen kommt, sind die Ängste weg und ich bin froh sie spielen zu lassen. Als geborene Dortmunderin ist sie natürlich BVB Dortmund Fan und spielt natürlich in einem BVB-Shirt. Da sie auf dem Rücken den Namen von ihrem Lieblingsspieler Rosicky trägt, wird sie von uns beim Fußball liebevoll

„unsere Rosi" genannt. Hören tut sie den Namen allerdings nicht so gerne und sie regt sich immer total auf, wenn wir sie so nennen.

Bisher hatte Janina fünf Knochenbrüche, der letzte war 2005, der Fußballunfall.

Beim ersten Knochenbruch ist sie von der Schaukel gefallen und genau auf den Schuh ihrer Freundin gelandet. Die Folge war eine Grünholzfraktur an der Wade. Dieser Knochenbruch wurde weder geschient, noch gegipst und nach ein paar Tagen vorsichtigem Laufen, war die Sache wieder vergessen. Der zweite Knochenbruch war eine Unterarmfraktur. Wie sie die fabriziert hat, wissen wir nicht. Es muss irgendwie beim toben im Garten passiert sein, aber weder sie noch ihre Freundin konnten uns genau sagen, wie es passiert ist. Der dritte Knochenbruch ist im Jahr 2003 auf einem Kindergeburtstag bei MC Donalds passiert. Janina ist sich beim Rutschen mit einem anderer Jungen in die Quere gekommen und er hat sie dabei mit dem Schuh getroffen und ihr dann auch noch den Arm umgedreht. Leider hat auch hierbei niemand den ganz genauen Vorfall gesehen. Rolf hat sie abends von dort abgeholt und kam dann mit einem weinendem Kind nach Hause. Ich habe gleich erkannt, dass es nicht nur Müdigkeit war, wie Rolf zunächst vermutete. Dafür hat sie ihren Arm zu komisch und mir auch nur allzu bekannt festgehalten. Bei jeder Bewegung stöhnte sie auf und so sind wir dann auch noch am selben Abend zum Krankenhaus gefahren. Als der Arzt zu uns ins Behandlungszimmer kam und Janina gefragt hat: „Na, was hast du denn gemacht?", kam von ihr nur die trockene Antwort: „Ich habe mir den Arm gebrochen." Der Arzt staunte und sagte: „Na gut, dass du den Röntgenblick hast, aber das untersuchen wir dann doch noch lieber genau.". Er schickte uns zum Röntgen und wir mussten einen riesen unterirdischen Gang bis zur Röntgenabteilung durch den Keller laufen. Auf dem Rückweg habe ich im Fahrstuhl erst einmal einen Blick auf die Röntgenaufnahmen geworfen und habe auch gleich den Knochenbruch gesehen. Wenn ich eins auf Röntgenbildern erkennen kann, dann sind es Knochenbrüche, denn davon habe ich schon reichlich gesehen. Als wir wieder an der Anmeldung waren, kam auch gleich eine Schwester und wollte Janina ein Schmerzmittel geben. Da der Bruch etwas komplizierter war, müsste sie wohl große Schmerzen haben, so die Schwester. Aber außer bei der Untersuchung durch den Arzt hatte sie keinen Schmerzenslaut von sich gegeben. Sie war total tapfer und auch beim anschließenden eingipsen des Arms hat sie nicht geweint. Der Gips musste 6 Wochen drum bleiben und es war für sie eine harte Zeit, da es gerade

Sommer war und sie nicht ins Planschbecken konnte. Trotzdem hat sie sich schnell an den Gips gewöhnt und konnte damit genauso rumtoben wie sonst auch.

Der vierte Knochenbruch ist einen Tag nach ihrem 8. Geburtstag (so konnte sie wenigstens noch feiern) passiert.
Ich bekam einen Anruf von der Schule, dass ich Janina doch abholen soll. Ihr ist beim Sport eine Bank auf die Hand gefallen und nun ist die Hand etwas geschwollen. Die Frage, wie denn so eine Bank auf die Hand fallen kann, beantwortete mir meine Tochter eine halbe Stunde später beim Unfallchirurgen. Sie haben im Sportunterricht ein Ballspiel gemacht und die Lehrerin hat eine der Bänke aus der Turnhalle auf zwei Böcke gestellt. Dies sollte so eine Art Tor sein. Als Janina dann in der Nähe der Bank war und den Ball nehmen wollte, ist diese auf ihre Hand gefallen. Diagnose Mittelhandknochenfraktur linke Hand. Janinas trockner Spruch darauf: „Ach Mama, das Leben kann manchmal ganz schön hart sein!" Wie recht sie hatte.

Da alle Brüche bei einer wilden Aktion passiert sind, kann man nicht genau sagen, ob die Brüche etwas mit den Glasknochen zu tun haben. Wir haben sie immer noch nicht testen lassen und sehen auch noch keinen Grund dafür. Zwischen den Knochenbrüchen lag immer so viel Zeit, dass wir nicht daran glauben. Warum sollen wir sie mit schmerzhaften Untersuchungen quälen, an dem Ergebnis können wir ja doch nichts ändern. Wenn überhaupt, kann sie nur eine sehr leichte Form der Glasknochen haben.

Janina mit Armbruch 2003

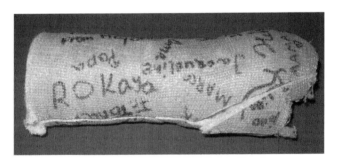

Die Gipshülle vom Mittelhandknochenbruch 2004

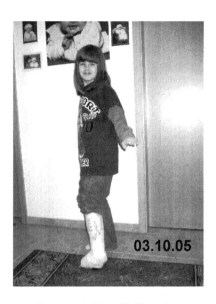

Janina mit Mittelfußknochen

Da sie mit meiner Behinderung aufgewachsen ist, hat sie keine Probleme hiermit und kann anderen auch schon sehr gut erklären was mit mir los ist. Wenn sie in der Schule gefragt wird, ob ich Behindert bin, sagt sie immer: „Nein meine Mama ist nicht Behindert, sie ist etwas Besonderes!" Mir hat einmal ein Kurtherapeut erklärt, dass es keine behinderten Menschen gibt, sondern dass dies besondere Menschen sind. In meinem Fall ist es ja so, dass ich ja nicht so schnell laufen kann, aber dadurch den Vorteil habe, meine Umwelt viel besser wahrzunehmen. Janina fand diese Erklärung wohl damals so toll, dass sie sich die gemerkt hat und diese Antwort nun gibt.

Bei ihrer Erziehung haben Rolf und ich uns gut organisiert. Er ist für die wilden Sachen, wie Toben und Rennen zuständig und ich mache ruhige Sachen z. B. Vorlesen und

Spiele mit ihr. Sie hat schon, als sie ganz klein war gemerkt, dass es bei mir etwas anders läuft. Als ich damals die Kreuzband-OP hatte, wusste sie mit ihren 7 Monaten ganz genau das ich die Krücken zum Laufen brauche und hat sie mir immer gegeben. Später, als sie laufen konnte, wusste sie genau, dass ich sie nicht tragen kann. Sie ist bei mir immer gelaufen, aber sobald Rolf in der Nähe war, hat sie sich von ihm tragen lassen. Jetzt wo sie etwas größer ist, hilft sie mir auch schon sehr oft. Sie hält z. B. meine Hand, wenn ich über einen Schotterweg gehen muss, damit ich nicht falle. An hohen Stufen gibt sie mir die Hand, damit ich mich auf sie stützen kann. Ich bin dann immer total gerührt, denn sollte ich wirklich fallen, könnte sie mich ja überhaupt nicht halten. Mir reicht aber oft schon ihre Hand, um mich sicherer zu fühlen und ich kann dann tatsächlich eine hohe Stufe runtergehen.
Wenn ich Janina beim Toben zusehen kann, ist das immer ein tolles Gefühl. Durch sie kann ich ein bischen die Dinge nachempfinden, die ich als Kind nicht machen konnte.

Die unendliche Kreuzbandgeschichte, Teil II

Seit meiner Kreuzbandoperation waren mittlerweile sieben Jahre vergangen und das Knie machte nur ab und zu Probleme. Meistens dann, wenn ich mir mal wieder zu viel zugemutet habe. Es kam dann zu einem Reizzustand im Knie, der für gewöhnlich ca. zwei Wochen andauerte, bis wieder alles in Ordnung war. Doch von einer Sekunde auf die nächste änderte sich diese Situation dramatisch.

Es war spät abends und ich hatte noch einen Geburtstagskuchen für meinen Chef, der am nächsten Tag Geburtstag hatte, im Ofen. Ich stand im Wohnzimmer, weil ich darauf wartete, dass der Kuchen fertig wird und telefonierte dabei mit meiner Schwester. Plötzlich rutscht mir, ohne irgendeine Bewegung zu machen, das Kniegelenk weg. Der Schmerz war so heftig, dass ich mich nicht mehr halten konnte und auf die Couch vor mir fiel. Mir war sofort klar, dass irgendetwas nicht stimmte und ich zitterte vor Angst am ganzen Körper. Ich versuchte wieder aufzustehen, hatte aber das Gefühl, dass das Knie überhaupt keinen Halt mehr hat. Als dann schließlich die Eieruhr klingelte, weil der Kuchen fertig war, schaffte ich es kaum noch bis zur Küche.

Ich hatte die Hoffnung, dass sich das Knie über Nacht wieder erholt, aber am nächsten Morgen war der Schmerz unverändert vorhanden. Um mich überhaupt etwas fortbewegen zu können, musste ich sogar die verhassten Krücken aus der Abstellkammer holen, die dort immer für Notfälle stehen.

Da wir ausgerechnet ein langes Osterwochenende vor uns hatten, bin ich vorsichtshalber zu meinem Orthopäden gefahren, damit er sich die Sache mal ansieht. Leider war er an diesem Tag nicht da und so musste ich zu seinem Kollegen gehen. Der konnte außer einem Erguss nichts feststellen und auch das Röntgenbild, dass er vorsichtshalber gemacht hatte, zeigte keine Auffälligkeiten. So wurde ich erst einmal mit einer Bandage nach Hause geschickt und sollte abwarten.

Nach über zwei Wochen hatten sich die Schmerzen aber immer noch nicht gebessert und das Kniegelenk war noch ein paar Mal weggerutscht. Mein Orthopäde schickte mich deshalb zur Kernspintomografie in die Klinik. Von dem Radiologen dort erfuhr ich dann, dass sich die Kreuzbandplastik, die mir damals eingesetzt wurde, aufgelöst hat. Das kommt ab und zu einmal vor und bei mir leider auch. Das Knie bräuchte unbedingt ein neues Kreuzband. Hier stand ich nun aber wieder vor dem gleichen Problem wie vor sieben Jahren, ich brauchte einen Operateur. Dieser müsste ein Kreuzbandspezialist sein und sich aber gleichzeitig auch mit Glasknochen auskennen. Wo sollte ich den finden?

Diesmal hatte ich allerdings die Möglichkeit im Internet nach einem Spezialisten zu suchen. Kreuzbandspezialisten gab es einige und so habe ich auch gleich ein paar von ihnen angeschrieben. Von den meisten erhielt ich aber sofort eine Absage, da ihnen das Operationsrisiko wegen meiner Glasknochen zu groß war. Mein Orthopäde hat mir dann schließlich eine Adresse eines Spezialisten in Bochum gegeben. Bei ihm habe ich mir auch sofort einen Termin geben lassen, musste aber noch drei Wochen bis zur Untersuchung warten. Da ich wegen der ganzen Sucherei und der starken Schmerzen schon ziemlich nervlich am Ende war, hatte ich wenigsten mal wieder einen kleinen Hoffnungsschimmer, dass es jetzt aufwärts geht. Aber auch hier wurde mir mitgeteilt, dass die Praxis, da sie nur ambulante Operationen durchführen, auf einen Fall wie meinen nicht eingerichtet ist. Der Arzt hat mir deshalb zwei andere Kliniken genannt, die auch sehr gut sein sollten. Nur waren diese Kliniken fast 500 km von uns entfernt und ich konnte da nicht mal eben hinfahren, um mich dort vorzustellen. Die eine Klinik ist in Tübingen und die andere Klinik ist in Freiburg. Trotz der weiten Entfernung wäre ich natürlich bereit, dorthin zu fahren, wenn hier eine Behandlungsmöglichkeit bestehen sollte.

Deshalb habe ich die beiden Kliniken zunächst einmal angeschrieben. Der Arzt aus Tübingen hat sich auch sofort zurückgemeldet und hat noch Untersuchungsergebnisse und Röntgenbilder angefordert. Und wieder wuchs meine Hoffnung, dass es vielleicht doch noch eine Lösung für mein Problemknie gibt. Inzwischen humpelte ich nämlich schon zwei Monate mit den Krücken rum und konnte kaum etwas alleine machen.

Nachdem ich zwei Wochen auf eine Rückmeldung von dem Arzt aus Tübingen gewartet habe und nichts passiert ist, habe ich dort mehrmals angerufen, um zu erfahren, wie es denn nun weitergehen soll. Der Arzt war jedoch nie da, oder wenn er da war, dann war er gerade im OP und konnte nicht ans Telefon kommen.

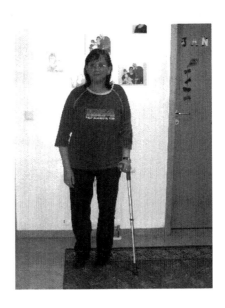

Ich mit Unterarmgehstütze.

Ich habe mehrmals um einen Rückruf gebeten, aber auch der erfolgte nicht. Irgendwann müssen meine ständigen Nachfragen wohl doch gefruchtet haben und ich erhielt nach ein paar Tagen endlich einen Rückruf vom ihm. Wie das in solchen Fällen ja meistens der Fall ist, war ich ausgerechnet da nicht zu Hause. So hat er mir dann ziemlich unfreundlich auf unserem Anrufbeantworter mitgeteilt, dass er versucht habe meinen Orthopäden wegen einer Rückfrage anzurufen, den aber nie erreicht hat. Bei meinem Orthopäden kommt man zwar oft schlecht durch, aber dass er ihn überhaupt nicht erreichen konnte, war schlicht unmöglich. Ich habe da bisher auch immer jemanden erreicht. Dann meinte er noch, dass es fraglich sei, ob man in meinem Fall überhaupt etwas machen sollte und da er jetzt eine Woche nicht da sei, würde er mir meine Unterlagen wieder zurückschicken, damit ich etwas in Händen habe. Mit anderen Worten, für ihn war der Fall erledigt und auch schon zwei Tage später waren meine Unterlagen wieder hier. Anbei lag noch ein Schreiben, in dem mir der Arzt noch rät über andere Maßnahmen wie. z. B. einer Versteifung des Knies oder einer Prothese nachzudenken. Mir ist fast der Zettel aus der Hand gefallen, als ich das gelesen habe. Ich konnte es kaum fassen, hatte dieser Arzt überhaupt nachgedacht, was er mir da vorschlug? Wie soll ich mit einem steifen Knie zurechtkommen und wie will er bei Glasknochen eine Knieprothese überhaupt befestigen?

Nach dieser Nachricht war ich völlig am Boden zerstört und musste wieder von vorne mit der Suche nach einem Spezialisten beginnen. Im Internet habe ich dann die Uniklinik in Münster gefunden. Die haben eine Kreuzbandspezialistin und der Professor von dort, war mal Ansprechpartner im Glasknochenverein. Alles waren also super Voraussetzungen und die Klinik ist auch nicht ganz so weit von Dortmund entfernt. Ich habe gleiche ein Fax an den Professor dort geschickt und hoffte, dass er sich schnell bei mir meldet. Da hier schon fast alles zu perfekt schien, machte ich mir diesmal wenig Hoffnung.

Doch gleich am nächsten Nachmittag bekam ich eine Rückmeldung per Fax vom Professor. Ich war total überrascht, dass es so schnell ging, denn bis dahin hat sich niemand so schnell auf meine Anfragen gemeldet. In diesem Fax stellt mir auch der Professor die Frage, ob es bei mir nicht besser wäre, gleich eine Endoprothese einzusetzen. Bei mir wieder der totale Schock und ich fragte zurück, ob er nicht erst einmal mein Knie sehen muss, bevor man über so etwas nachdenkt. Am nächsten Morgen erhielt ich dann einen Anruf aus Münster.

Es war die Vorzimmerdame vom Professor. Sie wollte einen Termin mit mir vereinbaren, da der Professor aber nur Privatpatienten behandelt, musste sie mich zur Ambulanz durchstellen, die sich wohl mit uns armen Kassenpatienten rumärgern muss. Die Dame am anderen Ende der Leitung war jedoch sehr nett und hat mir auch kurzfristig noch einen Termin bei der Kreuzbandspezialistin gegeben.

Ich wartete gespannt auf diesen Termin und hoffte so sehr, dass diese Spezialistin mir nun endlich helfen kann. Mit einer Freundin bin ich zur Klinik gefahren und nach fast vier Stunden Wartezeit kamen wir endlich dran. Allerdings war ich sehr erstaunt, denn statt der Kreuzbandspezialistin saß da ein Arzt. Nachdem ich ihm mitgeteilt hatte, dass ich eigentlich seine Kollegin erwartet hatte, sagte er mir, dass er sich auch wundert, aber Frau Dr. wäre an diesem Tag überhaupt nicht da. Er meinte aber, dass wir das auch ohne Frau Dr. schon hinbekommen werden. Ich war mir da allerdings nicht so sicher wie er. Nachdem er sich die Arztberichte durchgelesen hat, mein Knie untersucht hat und sich meine Röntgenbilder genau angesehen hat, verschwand er mit zwei Röntgenbildern und den Worten, ein schwieriger Fall zum Oberarzt. Nach einer ganzen Zeit kam er endlich wieder zurück und erklärte mir dann, was er mit seinem Oberarzt besprochen hat. Eine Knieendoprothese sollte bei

mir nur die allerletzte Möglichkeit sein, da sie bei mir sehr schlecht zu befestigen ist und wahrscheinlich auch nicht lange halten würde. Außerdem wäre ich hierfür auch noch viel zu jung.
Ich war froh, dass dieses Thema noch nicht in Frage kam.

Dann erklärte er mir die Probleme, die es bei mir mit einer Kreuzband-OP geben kann. Sie könnten mir zwar ein neues Kreuzband einsetzen und auch die Seitenbänder raffen, aber sie können das Knie nicht so stabil bekommen, wie es sein muss. Die Hauptführung im Knie kommt durch die Muskulatur und die war zu diesem Zeitpunkt gleich Null. Er meinte, dass keine renommierte Klinik bei dieser Muskelsituation eine OP machen würde. Ich würde zwar bestimmt eine Klinik finden, die mir ein Kreuzband einsetzt, aber ich hätte nicht lange etwas davon und so eine OP bei mir zu machen, oder irgendwelche Versprechungen zu machen, wäre nicht fair. Meine einzige Chance wäre es, ca. 3 - 6 Monate ein richtig intensives Muskeltraining, am besten über eine ambulante Rehamaßnahme, zu machen, so dass der Muskel dann wieder da ist und dann könnte evtl. eine OP gemacht werden. Noch besser wäre es sogar, wenn ich mir privat noch ein Sportstudio suchen würde, da ja wahrscheinlich, dank der neuen Gesundheitsreform, überhaupt nicht so viel Krankengymnastik verordnet würde wie ich bräuchte. Wenn es sein Knie wäre, würde er es genau so machen. Irgendwie hörte sich das, was er gesagt hatte, ganze logisch an. Mit einem Kurzbericht für meinen Orthopäden haben wir dann endlich nach 5 1/2 Stunden die Klinik verlassen.

Als mein Orthopäde sich den Kurzbericht durchgelesen hatte, zweifelte er stark daran, dass es mit dem Muskelaufbau so klappen wird, wie sich der Arzt aus Münster das vorgestellt hat. Um eine ambulante Rehamaßnahme am Wohnort beantragen zu können, braucht er erst den ausführlichen Bericht und so vergingen wieder zwei Wochen, bis dieser Antrag gestellt werden konnte.

Diese ständige Warterei machte mich total fertig und auch zwischen mir und Rolf gab es in dieser Zeit immer häufiger Streit. Bei uns beiden lagen die Nerven blank und dadurch eckten wir immer wieder aneinander. Er hatte die Doppelbelastung mit seiner Arbeit und unserem Haushalt und ich konnte so gut wie überhaupt nichts selber machen. Machte ich trotzdem etwas, wurde ich gleich mit unerträglichen Schmerzen im Knie bestraft.

Da der Bescheid, wegen der Rehamaßnahme, auf sich warten ließ, habe ich mich dazu entschlossen es in der Zwischenzeit schon mal mit dem empfohlenem Fitnesstraining zu versuchen. Rolf bekommt durch seinen Arbeitgeber von einem Fitnessstudio hier in Dortmund Prozente. Da Rolf sowieso schon längere Zeit Rückenprobleme hatte, haben wir uns gleich gemeinsam in diesem Fitnessstudio angemeldet. So hatten wir auch wenigsten mal wieder etwas, das wir gemeinsam machen konnten. Janina war auch versorgt, denn in dem Fitnessstudio gab es sogar eine Kinderbetreuung.

Keine vier Wochen später, musste ich das Training dort allerdings unterbrechen, da ich eine kleine Auseinandersetzung mit unserer Dusche hatte und leider hatte diese den Kampf gewonnen. Janina wollte duschen, kam aber leider nicht selber an den Duschkopf. Rolf war nicht da und so musste ich selber in die Duschtasse steigen, um ihr den Duschkopf tiefer einzustellen. Als ich in die Dusche steigen wollte, ist dabei die Duschmatte weggerutscht und ich konnte mich nicht mehr halten. Mit dem Bein, das noch draußen war, bin ich mit voller Wucht gegen den Badezimmerschrank gerutscht. Die Folge war ein ziemlicher schmerzhafter Knochenbruch an der rechten Großzehe. Wie immer, hatte ich es mal wieder geschafft, einen etwas komplizierten Bruch hinzubekommen. So war dann auch noch das Zehgelenk ebenfalls betroffen. Es dauerte Wochen, bis der Zeh wieder verheilt war. In dieser Zeit hatte ich natürlich einen sehr eigenartigen Gang, da ich ja den Zeh beim gehen schonen musste.

Dies war für mein Knie überhaupt nicht förderlich und so hatte ich in dieser Zeit noch mehr Knieprobleme und jede falsche Bewegung reichte aus und das Kniegelenk rutschte wieder weg.

Von meiner Krankenkasse bekam ich inzwischen Bescheid, dass meine Rehaantrag nun als Eilantrag an die BfA geschickt wurde, da die für diesen Antrag zuständig wären. Auch die Kreuzbandspezialistin aus Münster hat sich noch einmal bei mir gemeldet und sich für die Panne bei meinem Besuch in der Uniklinik entschuldigt. Sie war in der Zeit im Urlaub und konnte sich mein Knie dadurch natürlich auch nicht selber ansehen. Sie lud mich deshalb in ihre Sprechstunde ein, um sich mein Knie einmal selber anzusehen. Wir einigten uns darauf, dass wir uns nach der Rehamaßnahme treffen, damit sie mir dann sagen kann, ob das Knie dann so bleiben kann, oder ob es doch noch operiert werden muss.

Nach fast vier Monaten und 1000 Rückfragen, wir hatten inzwischen schon Dezember, kam endlich der Bescheid auf meinen „Eilantrag". Die BfA bewilligte mir eine stationäre Kur in einer Fachklinik für psychotherapeutische Medizin und Psychosomatik im Allgäu und das gleich für sechs Wochen. Es war unfassbar! Allgäu (im Dezember ein Hochschneegebiet) ist ja ganz toll, wenn man nicht gerade Glasknochen hat. Da hatte einer ganz toll mitgedacht, denn es hätte bedeutet, dass ich sechs Wochen in der Klinik eingesperrt gewesen wäre, da ich nicht hätte rausgehen können. Und was die sich bei der Auswahl einer psychosomatischen Klinik gedacht haben war mir auch ein Rätsel. Wahrscheinlich dachten die, dass es mir hilft mal über mein Knie zu reden, oder die dachten, dass man aufgrund der Dauer die dieser Antrag nun gebraucht hatte, langsam verrückt würde. Alleine schon die Antragsüberschrift, „Bescheid im Eilverfahren" war ein Witz. Dem Antrag lag auch noch ein Prospekt der Klinik bei und auf der Titelseite war ein schneebedeckter Berg zu sehen. Als Janina dieses Bild gesehen hat, fragte sie mich auch gleich, wie ich den bloß diesen Berg hochkommen wolle, da ich da doch überhaupt nicht laufen kann. Tja, sie hatte das schon mit ihren damals acht Jahren erkannt, aber die BfA war dazu nicht in der Lage. Ich war so sauer, dass ich gleich am nächsten Tag meinen Rechtsanwalt wegen einem Widerspruchsverfahren eingeschaltet habe und dann habe ich auch noch bei der Bildzeitung angerufen, um denen mal meinen Fall zu schildern.

Für die war mein Fall natürlich ein gefundenes Fressen und so gab es einen großen Bericht in der Bildzeitung. Die Überschrift: „Unfaßbar! BfA schickt sie zur Reha ins verschneite Allgäu!" Aufgrund dieses Artikels hat die BfA dann eingesehen, dass eine Rehamaßnahme im Allgäu wohl doch nicht so gut ist und bevor sie mir die eigentlich beantragte ambulante Maßnahme bewilligen konnten, mussten sie meinen Widerspruch aber noch einmal gründlich überprüfen. Ich hatte mich schon wieder auf mehrere Monate Überprüfung eingestellt, aber hierzu kam es dann nicht mehr, da mir von der BfA endlich meine Erwerbsunfähigkeitsrente bewilligt wurde. Die hatte ich vor drei Jahren beantragt und aufgrund meiner Knieprobleme hatten die BfA mir dieses nun endlich zugesprochen. Von meinem Rechtsanwalt erfuhr ich, dass dies allerdings jetzt den Nachteil hatte, dass ich für die beantragte Rehamaßnahme jetzt mit einer Ablehnung rechnen musste. Die BfA bewilligt nämlich nur Rehamaßnahmen die zur Wiederherstellung der Arbeitskraft führen. Da die Ärzte jedoch festgestellt haben, dass eine Wiederherstellung nicht mehr möglich ist, konnte ich damit rechnen, dass die Rehamaßnahme abgelehnt würde. In dem Fall war dann die Krankenkasse für solche Anträge zuständig. Das bedeutete, dass ich im Falle einer Ablehnung, einen neuen Antrag bei meiner Krankenkasse stellen musste. Hierfür brauchte ich aber erst den Ablehnungsbescheid der BfA. Um die Zeit bis dahin zu überbrücken, versuchte ich zunächst einmal eine Mutter - Kind Kur bei meiner Krankenkasse zu beantragen. Die vierjährige Wartefrist war zwar noch nicht ganz um, aber in bestimmten Fällen darf man auch vorzeitig wieder zur Kur fahren, wenn dies nötig ist.

Da in diesen Kurkliniken auch Krankengymnastik angeboten wird, wäre dies schon mal besser als nichts gewesen.

Da aber auch hier bis zur Antragsbewilligung mehrere Wochen vergehen konnten und mit meinem Knie nichts so richtig vorwärts ging, habe ich mich noch einmal mit der Ärztin aus Münster in Verbindung gesetzt und sie um ihren Rat gebeten. Sie wollte sich mein Knie nun doch einmal persönlich ansehen und hat mir auch gleich einen Termin gegeben. Nach der Untersuchung erklärte sie mir dann, dass sie mein Knie zwar operieren kann, dass aber nicht sicher ist, ob diese Operation funktioniert. Durch die Arthrose die schon im Knie ist, kann es nach der Operation zu Arthroseschmerzen kommen. Wenn diese Schmerzen dann zu schlimm werden, bleibt nur noch ein künstliches Kniegelenk. Da die Krankengymnastik ja sehr gut hilft, hatte sie mir empfohlen die Operation durch vermehrte Krankengymnastik noch etwas rauszuzögern. Ich habe ihr von der beantragten Reha bei der BfA erzählt und das diese wahrscheinlich abgelehnt würde. Dies konnte sie überhaupt nicht verstehen. Sie hat mir deshalb sofort angeboten, evtl. Schreiben die von ihr für die BfA benötigt würden, für mich zu schreiben.

Einen Tag später kam ein Ablehnungsbescheid auf meinen Widerspruch an die BfA. Mein Widerspruch wurde abgelehnt. Die Begründung: Festzustellen ist, dass sich die BfA im Wesentlichen auf die bewilligte psychosomatische Leistung zur medizinischen Rehabilitation bezieht. Eine Umstellung in eine orthopädische Leistung sei nicht angezeigt. Die berechtigten Wünsche des Leistungsberechtigten sind zwar zu entsprechen, dass Wahlrecht kann jedoch nicht so weit gehen, dass der Leistungsberechtigte selber bestimmen kann, welche Maßnahmen er für sinnvoll hält und wo er diese durchzuführen gedenkt. Diese Entscheidung obliegt alleine dem Rentenversicherungsträger. Ich konnte es kaum glauben, denn schließlich hatte ja die BfA die beantragte orthopädische Rehamaßnahme in eine psychosomatische Leistung umgewandelt und was bedeutet eine orthopädische Leistung ist nicht angezeigt??? Ich war total am Boden zerstört und eine Woche später kam auch noch von meiner Krankenkasse ein Telefonanruf, in dem mir mitgeteilt wurde, dass der medizinische Dienst der Krankenkasse eine vorzeitige Kur nicht für nötig hält. Die Mitarbeiterin der Krankenkasse wies mich dann noch freundlich darauf hin, dass ich gegen diesen Bescheid einen Widerspruch schreiben könnte. Worauf sie sich verlassen konnte!!! Für diesen Widerspruch besorgte ich mir von meinem Hausarzt eine Bescheinigung, dass eine vorzeitige Kur sehr wohl notwendig ist und auch ein Schreiben von der Ärztin aus Münster. In dem Schreiben stand, dass dringend vermehrte Krankengymnastik im Rahmen einer Rehamaßnahme nötig ist. Dann hieß es erst einmal wieder abwarten. Nach „nur" fünf Wochen bekam ich den Bescheid. Die Mutter-Kind-Kur wurde weiterhin abgelehnt, aber man hatte anhand meiner Akte gesehen, dass doch dringend etwas mit meinem Knie gemacht werden muss. Deshalb hat mir die Krankenkasse eine ambulante Rehamaßnahme am Wohnort bewilligt. Ich konnte es kaum glauben, denn die BfA hatte diese Maßnahme abgelehnt und von der Krankenkasse bekam ich sie nun freiwillig angeboten. Zunächst würden mir 10 Behandlungen für 14 Tage bewilligt, wenn ich damit einverstanden wäre. Natürlich war ich einverstanden und ein paar Tage später ging es mit der Rehamaßnahme auch schon los.

Vorher kündigte ich aber noch meinen Vertrag mit dem Fitnessstudio, denn durch die Rehamaßnahme konnte ich ja nicht auch dort noch trainieren, hätte aber trotzdem bezahlen müssen. Ich hatte ja schon bei dem Zehenbruch bezahlt, obwohl ich nicht dorthin konnte. Zum Glück hatte ich mir damals bei Vertragsabschluss, in meinen Vertrag den Zusatz reinschreiben lassen, dass ich jederzeit wegen meiner Glasknochen kündigen kann. Es gab im Studio, außer einem Hometrainer kaum Geräte, die ich für mein Knie benutzen konnte und so einen Hometrainer hatte ich zu Hause.

Dafür brauchte ich nicht extra in ein teures Fitnessstudio zu fahren.
Das Rehacenter war nicht weit von uns entfernt und dadurch konnte ich es sehr gut erreichen. Dort wurden sogar einige der BVB-Fussballspieler nach Verletzungen wieder fit gemacht, also konnten die ja vielleicht auch mein Knie wieder fit machen. Eine Behandlung sollte eigentlich ca. vier Stunden dauern. Da bei mir aber nicht alle Therapiesachen gemacht werden konnten, war ich meistens schon früher

fertig. Die Behandlung bestand aus Krankengymnastik, Training an Geräten, Reizstrombehandlungen, Massagen, Magnetfeldtherapien und Kinesio Taping (Hört sich toller an, als es ist. Es bedeutet, dass mir 4 rosarote Klebestreifen aufs Knie geklebt wurden, die das Knie etwas stabilisieren sollten.)

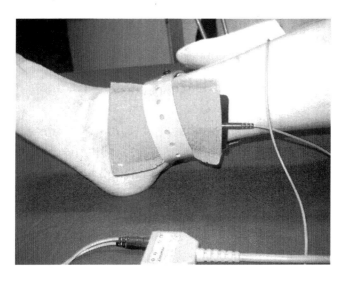

Reizstrombehandlung am Fuß

Außerdem bekam man jeden Tag auch noch einen Verzehrgutschein über 5,- Euro, damit man während des harten Trainings nicht verhungert. In diesen zwei Wochen hatte ich, bis auf zweimal, immer denselben Therapeuten und so konnten wir gezielt am Muskelaufbau arbeiten.

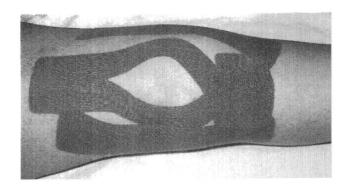

Kinesio Taping am Knie

Gerade als die Therapie die ersten Erfolge zeigte, waren die bewilligten zwei Wochen auch schon um. Der Rehaarzt stellte deshalb noch einen Verlängerungsantrag für weitere 10 Behandlungen. Diese Verlängerungsanträge werden meistens schnell bewilligt, da eine längere Behandlungspause nicht sinnvoll ist. Nach einer Woche hatte ich allerdings immer noch keinen Bescheid und so habe ich mich mal bei meiner Krankenkasse erkundigt, was denn nun mit der Verlängerung los ist. Es wurde festgestellt, dass der Rehaarzt überhaupt keinen Antrag abgeschickt hatte. Bis die Sache mit der Rehaverlängerung dann endlich geklärt war, verging noch eine weitere Woche und so hatte ich mal eben zwei Wochen Behandlungspause zusammen. Das Programm blieb so weit das gleiche, nur dieses Mal wechselten die Krankengymnastiktherapeuten ständig. Das hatte den großen Nachteil, dass ich erst jedem erklären musste, warum ich da bin und dadurch waren die ersten 10 Minuten der Krankengymnastik schon um, ohne das etwas passierte.

Hinzu kam, dass sich die meisten mit Glasknochen auch nicht auskannten und sie sich dadurch auch nicht trauten richtige Übungen mit mir zu machen. So hat mir das ganze Krankengymnastikprogramm nicht viel gebracht. Alles in allem hat es der Kniemuskulatur aber sehr gut getan. Leider wurden aber nicht mehr wie diese 20 Stunden bewilligt, obwohl dies hier sinnvoll gewesen wäre.

Seitdem versuche ich jetzt mit Krankengymnastikverordnungen und meinem Hometrainer die Muskulatur wenigstens einigermaßen stabil zu halten. Wie lange das allerdings noch möglich ist, weiß ich nicht. Ich werde auf jeden Fall versuchen hier am Ball zu bleiben und nichts unversucht lassen, dass ich wenigsten die Krankengymnastikverordnungen regelmäßig bekommen werde.

Die Zukunft

Janina hat mir vor kurzem dieses Bild gemalt und es ist spiegelt genau unsere Gegenwart. Wir sind eine glückliche Familie und ein unschlagbares Team.

Wie es in Zukunft weiter gehen wird, weiß ich natürlich auch nicht. Wie und wann die Kreuzbandgeschichte enden wird kann mir keiner sagen und wie lange ich eine Operation noch aufschieben kann und wie lange ich noch Krankengymnastikverordnungen bekommen werde, weiß ich leider auch nicht. Wahrscheinlich wird das Knie noch einige Zeit meine Schwachstelle bleiben.

Seit fast drei Jahren mache ich wegen meiner Angst und Panikattacken nun schon eine Psychotherapie. Die Angst und Panikattacken sind immer noch da und an manchen Tagen sind sie richtig schlimm. Durch die Therapie kann ich aber viel besser mit ihnen umgehen und ich verstehe das was dabei passiert besser. Es ist auch erstaunlich, in wie weit die

Glasknochen hier eine Rolle spielen und von alleine hätte ich hier mit den Ängsten überhaupt keinen Zusammenhang gesehen. Wir haben z. B. rausgefunden, dass ich in vielen Dingen einfach passiv reagiere und mir manchmal zu viel von meinen Mitmenschen gefallen lasse. Das kommt wohl daher, dass es durch meine Knochenbrüche in meiner Kindheit so war, dass ich immer darauf warten musste, dass mir jemand hilft. Denn nach einem Knochenbruch konnte ich mich ja nicht selbstständig bewegen und war auf die Hilfe anderer angewiesen. Durch die Häufigkeit der Knochenbrüche war dies ja damals ein Dauerzustand. Dieses Verhalten ist dadurch auch so stark im Gedächtnis gespeichert, dass es auch heute noch automatisch so abläuft, obwohl ich heute selber etwas machen kann. Dieses Verhalten umzulernen ist nicht so leicht und wird wohl noch einige Zeit dauern und ich werde hier noch viel Geduld brauchen.

Die Psychologin hat auch noch rausgefunden, dass ich manchmal so genannte magische Phasen habe. Das bedeutet, dass ich z. B. Kleidung, die ich bei einem Knochenbruch getragen habe, nicht wieder anziehe. Es ist dann meine Unglückskleidung. Dies war schon als Kind meine Art, die vielen Rückschläge auszuhalten, so eine Art System. Wenn ich die Hose in der ich mir mein Bein gebrochen habe nicht mehr trage, dann passiert mir auch nichts mehr. Leider war das ja nicht der Fall, aber dies habe ich auch erst richtig durch die Therapie verstanden.

Auch bei der Psychotherapie weiß ich nicht, ob die Ängste jemals ganz verschwinden werden, aber ich werde die Hoffnung nicht aufgeben!

Oh wie schrecklich, die arme Frau, hast du vielleicht an mancher Stelle hier im Buch gedacht, oder? An manchen Stellen in meinem Leben habe ich das auch gedacht, aber ich habe auch gemerkt, dass jammern mich nicht nach vorne bringt und sich dadurch auch nichts verändert.

Ich bin ein Mensch, der versucht in allen Dingen auch etwas Positives zu sehen, auch in meiner Krankheit. Was soll daran positiv sein, fragst du dich jetzt? Bei der Kreuzbandgeschichte z. B., die jetzt schon fast zwei Jahre andauert gibt es sehr viele positive Sachen. Dadurch dass ich nicht mehr arbeite, habe ich viel mehr Zeit für unsere Tochter. Sie braucht nicht mehr in die Schulbetreuung gehen und ich kann ihr bei den Hausaufgaben selber helfen. Sie ist dadurch in der Schule viel besser geworden. Ich habe die Rente bewilligt bekommen. Ich habe viele neue Freunde kennengelernt und durch diese schwere Zeit auch gesehen, wer meine wahren Freunde sind. Ich habe dieses Buch fertig geschrieben und viel mehr Zeit für mein Hobby, den PC. Durch meine eigene Homepage http://www.glasknochen-rottmar.de habe ich viel Kontakt zu Betroffenen und auch zu nicht Betroffenen. In meinem Gästebuch dort gibt es viele positive Einträge, die zeigen, dass ich durch mein Beispiel auch anderen Mut machen und helfen kann. Auch für meine Ehe war die Kreuzbandgeschichte gut, denn sie hat und viel näher zusammengebracht und vor allem mir eine ganz große Erkenntnis gebracht! NEVER CHANGE A WINNING TEAM!

Zum Schluss

Alles in allem führe ich trotz der Behinderung ein fast normales Leben. Klar gibt es einige Einschränkungen, bei denen ich dann, mal mehr und mal weniger, auf die Hilfe von anderen angewiesen bin. Obwohl die Knochenbrüchigkeit mit Beginn der Pubertät nachgelassen hat, muss ich dennoch ständig mit offenen Augen durchs Leben geben, um frühzeitig Stolperfallen oder Rutschgefahren (nasse Blätter, glatte Flächen o. Ä.) zu sehen. Denn jeder Sturz könnte einen neuen Knochenbruch bedeuten. Dies kommt zum Glück aber heute nicht mehr so häufig vor wie früher. Meistens komme ich mit einer Prellung, Zerrung oder Verstauchung davon, die mir dann ein paar Wochen das Leben schwer macht. Auch die Spätfolgen der OI, wie z. B. Gelenkschmerzen durch überdehnbare Gelenke, Fehlhaltungen, Rückenschmerzen usw. sind nicht so toll. Ich habe aber festgestellt, dass man trotz einer Behinderung viel erreichen kann, wenn man nicht aufgibt und um seine Ziele kämpft. Darum gib niemals auf und kämpfe um dein Glück. Mir hat dabei auch das folgende Gedicht geholfen, dass ich einmal von einer Freundin geschickt bekommen habe, zu einer Zeit, als es mir sehr schlecht ging. Immer wenn es mir heute mal schlecht geht, denke ich an dieses Gedicht.

Nur nicht resignieren!

Zwei Frösche sprangen auf einer Weide in einen Eimer,
der zur Hälfte mit Milch gefüllt war.
Aber schon bald erkannten sie, dass sie auf normalem Wege
nicht wieder herauskommen würden.
Es fehlte ihnen einfach die Sprungfläche.
Sie ruderten und ruderten, bis schließlich einer der Frösche
sich sagte, dass es ja doch keinen Sinn habe,
sich abzumühen für nichts und wieder nichts.
Er hörte auf zu rudern, streckte alle viere von sich und
ertrank.
Der andere ließ sich nicht entmutigen. Er ruderte weiter
und ruderte so lange, bis die Milch zu Butter geworden war.
Dann setzte er sich darauf und sprang ab und sprang in die
Freiheit.

Aus: Neue Geschichten für Sinndeuter

Im Spiel des Lebens kommt es nicht so sehr darauf an,

gute Karten zu haben,

sondern auch mit schlechten Karten gut zu spielen!

Eure

Silvia Rottmar

Danke

An dieser Stelle möchte ich allen denjenigen danken, die mich bei meiner Arbeit an diesem Buch unterstützt haben. Mein besonderer Dank geht an ...

Meinen Eltern

Ich danke euch dafür, dass ihr mir in all den schwierigen Zeiten beigestanden habt, dass ihr mir immer wieder Mut gemacht habt, wieder von vorne anzufangen, wenn es mal gerade wieder zehn Schritte zurückging und dass ihr immer für mich da ward und seid.

Meinem Mann

Dir danke ich vor allem dafür, dass du meine Behinderung nie zu einem Thema zwischen uns gemacht hast. Du hast mich immer so genommen, wie ich bin und ich weiß, dass es oft nicht sehr leicht mit mir ist. Ich liebe dich dafür!

Meiner Tochter

Dir danke ich dafür, dass du mir mit deiner Fröhlichkeit und deinem Selbstverständnis für meine Krankheit immer wieder neuen Lebensmut gegeben hast. Gerade während meiner zweiten Kreuzbandgeschichte ist durch die vielen gemeinsamen Spiel und Lesestunden ein besonders nahes Verhältnis entstanden, um das uns sicher viele beneiden werden.

Es gibt noch so viele Menschen, denen ich besonders danken möchte. Sei es für Mutsprechungen, Aufmunterungen, Ratschläge, Gesten oder einfach nur für die Gewissheit, dass ihr da seid, wenn ich euch brauche.

Ich danke:

Meiner Schwester Claudia, Tante Marlies, meiner Oma Olga Schneider, meiner Schwiegermutter Maria Rottmar, Sabine Jouma, Sabine und Dirk Dieckerhoff, Claudia Graham, Familie H. Aller, Marion Hildebrandt, Frau Klabes und Familie, Klaus und Nici Krüger, Familie M. Schneider, Reni u. Günther Schwanenberg, Familie F. Sommerfeld, Sibylle Zenker, Familie R. Kresse, Bianka Baumgart, Bianca Hölscher, Judith Hagenaars, Birgit Jatzkowcki-Burmeister, Bernd u. Tanja Schmitt, Beatrix Niewa, Karen Birkelbach, Nadine Lentfer (Die netteste Redakteurin, die ich kennengelernt habe!)

Dr. Schildhauer sen., Dr. Schildhauer jun., Dr. Hartung, Dr. Hajo, Dr. Bollermann, der Krankengymnastik Schildhauer und der Krankengymnastik Hagenaars, Frau Dipl. Psychologin I. Steinweg, Dr. Teimann, Dr. Hofmann u. Dr. Neugebauer und dem Sanitätshaus Zieger. Außerdem danke ich allen Ärzten, Krankenschwestern und Arzthelferinnen, die mir in meiner „Glasknochenlaufbahn" begegnet sind und die mir geholfen haben, durch ärztliche Versorgung, tröstende Worte oder einfach nur mit Apfelsaft ☺.

Besonders danken möchte ich auch der DAS – Rechtschutzversicherung für Ihre Hilfe. Ohne die Hilfe dieser Versicherung wären meine Widersprüche wahrscheinlich nicht so gut gelaufen. Ich kann jedem nur empfehlen, so eine Versicherung abzuschließen. Dann danke ich natürlich auch der Rechtsanwaltskanzlei Dr. Rehborn und Partner für ihre Unterstützung.

Danken möchte ich auch Herrn Hemmann und seinem Team vom Engelsdorfer Verlag, dass sie dieses Buch überhaupt möglich gemacht haben!

Abschließend möchte ich mich auch noch bei zwei besonderen Menschen bedanken, die die Fertigstellung dieses Buches leider nicht mehr miterleben durften.
Guy Massart verstorben am 26.09.2004 und Detlef Hildebrandt verstorben am 18.04.2005. Ich hätte euch das Buch so gerne noch gezeigt, aber leider sollte es nicht sein. Wer weiß, vielleicht ist es ja, da wo ihr gerade seid, auch erhältlich. Ich bin froh, dass ich euch kennengelernt habe und vermisse euch sehr!

Medizinische Begriffe

A

APC-Resistenz:
Gerinnungs-Inaktivierung die zu Thromboseneigung Führen kann.

Arthrose:
chronische Gelenkerkrankung auto (gr.)= selbst, immun (lat.)= unempfindlich nicht an der Geschlechtsbestimmung beteiligt

B

Bisphosphonate:
Phosphat mit Kohlenstoff verbunden; künstlicher Stoff, durch den die Osteoklasten gehemmt werden, wodurch dann mehr Knochensubstanz gebildet wird und dies wiederum führt zu einer erhöhten Knochendichte.

C

Chromosom:
Das Erbgut tragendes, fadenförmiges Gebilde im Zellkern.

D

Deformation:
Fehlbildung

Dentinogenesis Imperfekta:
gestörte Zahnentwicklung

dominant:
Überdeckend, beherrschendes Überwinden einer Erbanlage.

E

EAP
Erweiterte-Ambulante-Pysiotherapie

endogen:
Im Körper selber entstanden, nicht von außen zugeführt.

Endoprothese:
künstliches Gelenk

F

Fraktur:
Knochenbruch

G

Grünholzfraktur:
Eine Grünholzfraktur (auch Grünspanfraktur, nach dem Knickverhalten von grünem, weichem Holz) ist ein unvollständiger Knochenbruch, bei dem die umhüllende elastische Knochenhaut (Periost) meist erhalten bleibt.

K

Kallus:
Nach Knochenbrüchen an der Bruchstelle neu gebildeter Knochen.

Kinesio-Tape:
Das Kinesio-Tape ist ein aus Baumwollbasis hergestelltes Tape mit Elastizitätseigenschaften ähnlich der menschlichen Haut. Es soll die Muskel- und Gelenkfunktionen unterstützen, ohne die Bewegungsfreiheit einzuschränken.

Kollagen:
Zu den Gerüsteiweißkörpern gehörige Eiweiße, Knochenleim.

L

Lymphdrainage:
(engl.) lymphatic drainage; Form der Streichmassage, um Lymphstauungen zu beseitigen. Man streicht mit den Fingerkuppen auf der Haut in Richtung der Lymphbahnen.

Lymphe:
In den Lymphgefäßen gebildete weißliche Körperflüssigkeit.

Lymphgefäßsystem:
Das Lymphgefäßsystem stellt neben dem Blutgefäßsystem die Entsorgung des Gewebes und damit der einzelnen Zelle sicher.

M

Minderwuchs:
Eine krankhafte Verminderung des Längenwachstums.

Morbus Basedow:
Überfunktion der Schilddrüse, bei der es zum sichtbaren. Hervortreten des Augapfels kommt. Die Basedow Krankheit gehört zu den sog. „Autoimmunerkrankungen".

Mutation:
Plötzliche Veränderung des genetischen Materials, ohne erkennbare äußere Einflüsse.

O

Osteogenesis imperfekta:
(lat.) unvollständige Knochenbildung

Typeneinteilung:

1979 wurde durch Sillence et al., die klassische Einteilung der bis dahin bestehenden zwei Formen der OI, in eine numerische 4-Typen-Klassifizierung abgelöst, die wie folgt unterteilt ist:

Typ I : autosomal-dominant, mit leichtem Verlauf, blauen Skleren, Dentinogenesis Imperfekta, Schwerhörigkeit.

Typ II: a, b, c: bereits bei Geburt bestehende Frakturen (Knochenbrüche) der Röhrenknochen, starke Verbiegung der langen Knochen.

Typ III: schwerer Verlauf mit dünnen, gebogenen Knochen.

Typ IV: variabler Verlauf, mit und ohne Dentinogenesis imperfekta.

Diese Einteilung wurde mittlerweile zweimal überarbeitet (Sillence 1981 u. 1984) und da es durch die großen genetischen und klinischen Ausprägungsvarianten oft schwierig ist eine genaue Zuordnung zu treffen, lässt sich vermuten, dass die momentan gültige Klassifizierung nach Sillence nicht von Dauer sein wird.

Vererbung der OI:

Die Osteogenesis imperfekta ist eine Erbkrankheit, die bei allen Rassen und Völkern auftritt.

Der Typ I nach Sillence wird autosomal dominant vererbt. Das heißt, wenn ein Elternteil von der OI betroffen ist, so wie in meinem Fall, besteht ein Vererbungsrisiko von 50 % für das Kind.

Bei Typ II nach Sillence geht man heute davon aus, dass es sich bei den meisten Fällen um so genannte Neu- oder Spontanmutation handelt. Tritt bei einem Kind die Erbkrankheit auf, ohne das jedoch ein Elternteil betroffen ist, besteht praktisch kein Vererbungsrisiko.

Typ III kann sowohl autosomal dominant wie auch autosomal rezessiv vererbt werden. Man geht jedoch vorwiegend von Neumutationen aus.
Typ IV wird autosomal dominant vererbt. Der Unterschied zu Typ I besteht jedoch im Erscheinungsbild. Bei Typ IV besteht ein Minderwuchs, sowie eine höhere Knochenbruchgefährdung.

Symptome:
- Knochenbrüchigkeit

- Weit-/ Kurzsichtigkeit oder Hervortreten der Augen
- Verformung von Gliedern
- Verformung des Brustkorbs
- Skoliose (seitliche Verbiegung der Wirbelsäule)
- Kleinwüchsigkeit
- Überdehnbare Gelenke und Bänder
- gestörte Zahnentwicklung
- zunehmende Schwerhörigkeit
- blaue Flecken (auch schon durch leichtes Anstoßen)
- blaue Skleren (das weiße des Augapfels ist bläulich bis dunkelblau)
- weiches Schädeldach
- verstärktes Schwitzen
- Dreiecksgesicht
- Herzklappenundichtigkeit

Betroffene Personen weisen meistens mehrere, aber nicht alle Symptome gleichzeitig auf. Je nach Schwere der Erkrankung kann eine Benutzung von Krücken oder Hand- oder Elektrorollstuhl nötig sein. Leicht betroffene Personen weisen fast gar keine Symptome auf.

Osteoklasten:
Knochenzellen, die den Knochen abbauen

Osteoporose:
quantitative Verminderung des Knochengewebes bei erhaltener Knochenstruktur.

P

PDA:
Periduralanästhesie – Es wird ein Betäubungsmittel in den Wirbelkanal gespritzt, das den Unterleib durch Lähmung schmerzunempfindlich macht.

progressiv:
fortschreitend, zunehmend

Pubertät:
die Zeit der eintretenden Geschlechtsreife, Reifezeit

S

Skleren:
Lederhaut des Auges

Skoliose:
Seitliche Verbiegung der Wirbelsäule.

Spontanfraktur:
Knochenbruch, der ohne Einwirkung von außen entsteht.

T

Tapeverband:
(engl. Tape Band): sog. funktioneller Verband; Stützverband aus klebenden Binden und Pflastern zur Ruhigstellung von z. B. Hand-, Knie- oder Sprunggelenk bei Erhaltung anderer Bewegungsfunktionen.

Tibia:
Schienbein

Ansprechpartner Medizin

PÄDIATRIE

Dr. med. Rolf-Michael Küster
Ltd. Kinderarzt
Abt. Pädiatrische Rheumatologie u. Osteologie
Rheumaklinik Bad Bramstedt
Oskar-Alexander-Str. 26
24572 Bad Bramstedt
Tel.: 04192/ 90 - 22 19
Fax: 04192/ 90 - 23 83
mailto:paediatrie@rheuma-zentrum.de

Prof. Dr. Dr. B. F. Pontz
Dr. P. Freisinger
Stoffwechselzentrum u. klinische Genetik
Kinderklinik u. Poliklinik
der TU München
Kölner Platz 1
80804 München
Tel.: 089/ 30 68 - 632 + 23 76
Fax: 089/ 30 68 - 39 54
mailto:Bertram.Pontz@lrz.tu-muenchen.de
http://www.kind.med.tu-muenchen.de
http://www.stoffwechselzentrum-muenchen.de

Prof. Dr. B. Zabel
Univ. Kinderklinik Mainz
Langenbeckstr. 1
55131 Mainz
Tel.: 06 131/ 17 35 20

Frau Dr. Graßhof
Universitätskinderklinik, Abt. 1
Prittwitzstr. 43
89075 Ulm
Tel.: 0731/ 50 02 77 - 00
Terminvereinbarung: - 61

Cnopf'sche Kinderklinik
Chefarzt Dr. Beyer
Oberarzt Dr. Leier
St. Johannis, Mühlgasse 19
90419 Nürnberg
Tel.: 0911/ 33 40 30 5
mailto:hans-joachim.beyer@nbg.diakonie-neuendettelsau.de
http://www.kinderchirurgische-klinik-nuernberg.de

Dr. Ralph Melchior
FA f. Kinder u. Jugendmedizin
Neonatologe, Kindergastroenterologie
Garde-du-Corps-Str. 7
34117 Kassel
Tel.: 0561/ 10 33 15
Fax: 0561/ 130 63

Klinik u. Poliklinik für Allgemeine
Kinderheilkunde der Universität zu Köln
Leiter: Prof. Dr. E. Schönau
Mitarbeiter: Dr. O. Semler und
Dr. G. Rieger-Wettengl
Orthopädin: Dr. Hogenschurz
Physiotherapie: Fr. Dammertz
Kerpenerstr. 62
50937 Köln
Tel.: 0221/ 478 - 43 61
Fax: 0221/ 478 - 34 79
mailto:eckhard.schoenau@uk-koeln.de

Dr. Jutta Bartz-Seel
(Kinder) - medizinischer Ansprechpartner des LV-Nord
der Dt. OI Gesellschaft
Tel.: 040/ 82 11 19

Prof. Dr. G. Dannecker
Olgahospital Pädiatrie 1
Bismarckstr. 8
70176 Stuttgart
Zentrale: 0711/ 992 - 0
Sekretariat: 0711/ 992 - 2411
Telefax: 0711/ 992 - 2419
mailto:g.dannecker@olgahospital.de
http://www.olgahospital.de

ZAHNMEDIZIN

Gemeinschaftspraxis
Drs. Engelhardt, Schlager, Weinauer
Königstr. 83 - 87
90402 Nürnberg
Tel.: 0911/ 20 45 06 + 07

Prof. Dr. W. E. Wetzel
Dr. Viola Müller-Lessmann
Abt. Kinderzahnheilkunde, Zentrum f. Zahn-,
Mund- u. Kieferheilkunde
Schlangenzahl 14
35392 Gießen
Tel.: 0641/ 99 - 46 241
Fax: 0641/ 99 - 46 239

Dr. Dr. Wilhelm Wöhrl
Mühlstr. 53
93339 Riedenburg
Tel.: 09442/ 25 50

Dr. Rüdiger David,
Dr. Kerstin Petersen
Königsallee 90
40212 Düsseldorf
Tel.: 0211/ 323 08 46
Fax: 0211/ 323 08 47

GENETIK

PD Dr. König
DOFONOS Haus 9
Inst. für Humangenetik der Joh.-Wolfg.-
Goethe-Universität
Theodor-Stern-Kai 7
60596 Frankfurt
Tel.: 069/ 63 01 - 64 16

Institut für Humangenetik
Universitätsklinikum Essen
Hufelandstr. 55
45122 Essen
Tel.: 0201/ 723 - 45 60
Fax: 0201/723 - 59 00

PD Dr. Peter Meinecke
Abt. f. Med. Genetik am Altonaer
Kinderkrankenhaus
Bleickenallee 38
22763 Hamburg
Tel.: 040 - 8 89 08 - 291
Fax: 040 - 8 89 08 - 366

Prof. Dr. I. Kennerknecht
Westf. Wilhelms-Universität Münster
Institut f. Humangenetik
Vesaliusweg 12 - 14
48149 Münster
Tel.: 0251/ 8 35 54 12
Fax: 0251/ 8 35 69 95
mailto:kennerk@uni-muenster.de

PD Dr. med. Stephanie Spranger
Praxis für Humangenetik Bremen
St.-Jürgen-Str. 1
28205 Bremen
Tel.: 0421/ 49 74 - 71 - 0 oder 1
Fax: 0421/ 49 74 - 718
mailto:Sspranger@aol.com
http://www.praxis-fuer-humangenetik.de

ORTHOPÄDIE/ CHIRURGIE

Dr. med. Gregor Schönecker
Gemeinschaftspraxis für Kinder u.
Erwachsenenorthopädie
Seligentaler Str. 8
84034 Landshut
Tel.: 0871/ 216 74

PD. Dr. E. Savvidis
Chefarzt d. Orthop. Klinik Vogtland-Klinikum
Plauen GmbH
Akadem Lehrkrankenhaus d. Universität
Leipzig
Röntgenstr. 2
08529 Plauen
Tel.: 03741/ 49 - 0
Fax: 03741/ 49 - 22 17

Dres. med. H. Kühn/ A. Grahl/
Ch. Schildhauer
Fachärzte für Orthopädie
Kampstr. 36
44137 Dortmund
Tel.: 0231/ 91 40 34 - 0

Prof. Dr. med. Alfred Karbowski
Chefarzt der Abt. Orthopädie
am Krankenhaus der Augustinerinnen
Jakobstr. 27 - 31
50678 Köln
Tel.: 0221/ 3308 - 13 51
Fax: 0221/ 3308 - 15 56
mailto:info@koeln-orthopaedie.de
http://www.koeln-orthopaedie.de

Prof. Dr. L. Zichner
Orthopäd. Universitätsklinik Friedrichsheim
Marienburgstr. 2
60528 Frankfurt
Tel.: 069/ 67 05 - 225

Dr. med. M. Rogalski
Oberarzt
HELIOS-Klinikum Berlin
Klinikum Buch
Orthopädische Klinik
Hobrechtsfelder Chaussee 96
13125 Berlin
Tel.: 030 - 9401/ 62
od.: 030 - 9401/ 63 90
Fax: 030 - 9401/ 62 14
mailto:jzacher@berlin.helios-kliniken.de

Prof. Dr. med. J. Engert
Oberarzt M. Hemminghaus
Kinderchirurgische Universitätsklinik
der Ruhr - Universität Bochum
Marienhospital Herne
Widumer Str. 8
44627 Herne
Tel.: 02323/ 499 - 24 50
od.: 02323/ 499 - 24 51
Fax: 02323/ 499 - 328

Dr. med. Manfred Nelitz
Orthop. Abteilung des RKU
Oberer Eselsberg 45
89081 Ulm
Tel.: 0731/ 17 - 11 07
Fax: 0731/ 17 - 11 18
mailto:Manfred.Nelitz@rku.de

Prof. Dr. Winkelmann
Westf. Wilhelms-Universität
Klinik u. Polikl. für Allgem. Orthopädie
Albert-Schweitzer-Str. 33
48149 Münster
Tel.: 0251/ 83 - 47901 od. 47902 od. 47903
Fax: 0251/ 83 - 47989

PD Dr. med. Ralf Stücker
Kinderorthopädische Abteilung
Altonaer Kinderkrankenhaus
Bleickenallee 38
22763 Hamburg
Tel.: 040/ 88908 - 3 82
Fax: 040/ 88908 - 3 86
mailto:stuecker@akkev.net

Ärztlicher Direktor
Prof. Dr. Thomas Wirth
Olgahospital - Pädiatrisches Zentrum
der Landeshauptstadt Stuttgart
Orthopädische Klinik
Postfach 10 36 52
70031 Stuttgart
Tel.: 0711/ 992 - 30 01
Fax: 0711/ 992 - 38 20
http://www.olgahospital.de/orthopaedie.htm

HALS - NASEN – OHREN

Oberarzt PD Dr. Joachim Müller
Universitäts - HNO - Klinik WürzburgJosef-Schneider Str. 11
97080 Würzburg
Tel.: 0931/ 201 - 2 12 02
Fax: 0931/ 201 - 2 13 94
mailto:Mueller_J1@klinik.uni-wuerzburg.de
http://www.hno.uni-wuerzburg.de

GYNÄKOLOGIE

Dr. med. Claus Bollermann
Frauenarzt
Saarlandstr. 75
44139 Dortmund
Tel.: 0231/ 12 46 82
Fax: 0231/ 12 46 66

REHABILITATION

Dr. med R.- M. Küster
Rheumaklinik Bad Bramstedt
Oskar-Alexander-Str. 26
24572 Bad Bramstedt
Tel.: 04192/ 90 - 22 19
Fax: 04192/ 90 - 23 83

Nachsorgeklinik Tannheim GmbH
Gemeindewaldstr. 75
78052 VS-Tannheim
Tel.: 07705- 920 - 0
Fax: 07705- 92 01 99
http://www.tannheim.de

Für erwachsene OI-Betroffene
Prof. Dr. H. W. Minne
Fürstenhofklinik
Am Hylligen Born 7
31812 Bad Pyrmont
Tel.: 05281/ 15 - 14 02
Fax: 05281/ 15 - 11 00
mailto:Minne@staatsbad-pyrmont.de
http://www.minne.de

HOMÖOPHATIE

Johanna Wolf
Praktische Ärztin
Naturheilverfahren
Vaubanallee 53
79100 Freiburg
Tel.: 0761/ 4 76 21 44
Fax: 0761/ 4 76 21 68

Literaturverzeichnis

Baumgartner René, 1986: *„Die besonderen orthopädietechnischen Probleme bei Osteogenesis Imperfecta (Glasknochenkrankheit)"*. In: Medizinisch orthopädische Technik. 106. Jahrg. Heft 3/86, 77-80.
Byers P.H.; Wallis G. H.; Willing M.C., 1991: *„Osteogenesis Imperfecta, translation of mutation to phenotyp"*. J Med Genet. 28/91, 433-442.
Damberg David, 1994: *„Das Kind im Krankenhaus"*. Durchbruch. Mitteilungsblatt der Deutschen Gesellschaft für Osteogenesis Imperfecta (Glasknochen) Betroffenen e.V. 1/94, 23.
David C., Döme H., Grabartzik S., Guhl P. et al., 2000: *„Erste Hilfe bei Osteogenesis imperfecta"*. Hrsg. Dt. OI – Gesellschaft, ISBN 3-932732-03-0.
Dengg Felix, 1991: *„Ein Leben im Krankenhaus"*. Durchbruch. Mitteilungsblatt der Deutschen Gesellschaft für Osteogenesis Imperfecta (Glasknochen) Betroffenen e.V. 1/91, 50.
Glaesner Nina; Hamer, Margit; Petersen, Tanja, 2004: *„Kinder mit Osteogenesis Imperfecta im Kindergarten"*. Deutsche Ges. f. Osteogenesis Imperfecta (Glasknochen)
3-932732-06-5.
Hagelstein Willy et al., 1997: *„GLASFIT - Das Bewegungsprogramm für OI – Betroffene"*. Hrsg. Dt. OI-Ges., ISBN 3-932732-00-6.
Hagelstein Willy, 1998: *„Bisphosphonate – ein Licht am Therapiehorizont bei OI?"*. Durchbruch. Mitteilungsblatt der Deutschen Gesellschaft für Osteogenesis Imperfecta (Glasknochen) Betroffenen e.V. 1/98, 25.
Hagelstein Willy, Neumann Kerstin, 2001: *„GLASFIT2 mit dem Thera-Band und im Wasser"*. Hrsg. Dt. OI-Ges., ISBN 3-932732-04-9.

Hamer Marit, Glaesner Nina, Petersen Tina, Hagelstein Willy, 2004: *„Auf den Weg ins Leben"*. Hrsg. Dt. OI – Gesellschaft, ISBN 3-932732-06-5.
Karbowski Alfred, o. J.: *„Osteogenesis Imperfecta"*. Informationen für Mediziner. Mühlheim a. M.: Deutsche Gesellschaft für Osteogenesis Imperfecta (Glasknochen) Betroffenen e.V. (Hg.).
König R., o. J.: *„Osteogenesis Imperfecta"*. Mühlheim a. M.: Deutsche Gesellschaft für Osteogenesis Imperfecta (Glasknochen) Betroffenen e.V.
Lang Inge, 1987: *„Die psychische Situation des Osteogenesis Imperfecta-Kranken"*. Mühlheim a. M.: Deutsche Gesellschaft für Osteogenesis Imperfecta (Glasknochen) Betroffenen e.V. (Hg.).
Maskos Johanna, 1991: *„Kind im Krankenhaus"*. Durchbruch. Mitteilungsblatt der Deutschen Gesellschaft für Osteogenesis Imperfecta (Glasknochen) Betroffenen e.V. 1/91, 25.
Maskos Johanna, 1999: *„Kinder mit Osteogenesis Imperfecta - ein Elternratgeber"*. Hrsg. Dt. OI – Gesellschaft, ISBN 3-932732-02-2.
Mittelberg Petra, 1999: *„Mama, ich bin nicht anders - Leben mit einem behinderten Kind"*. Am Beispiel der Osteogenesis Imperfecta – Glasknochen. Kleine Verlag, ISBN 3-89370-296-2.
Mücke Renate; Fröb Andrea; Alteneder Beate u. a., o.J.: *„Krankengymnastik bei Osteogenesis Imperfecta"*. Mühlheim a. M.: Deutsche Gesellschaft für Osteogenesis Imperfecta (Glasknochen) Betroffenen e.V. (Hg.).
Petersen Kerstin, 1996: *„Klinische und röntgenologische Befunde im Zahn-, Mund- und Kieferbereich bei Patienten mit Osteogenesis Imperfecta"*. Dissertation.
Pönisch Uschi; Reichardt Petra, 2002: *„OI und Kinder (-kriegen)"*. Durchbruch. Mitteilungsblatt der Deutschen

Gesellschaft für Osteogenesis Imperfecta (Glasknochen) Betroffenen e.V. 1/2002, 16.

Pontz Bertram F., o. J.: *"Grundlagen und Therapieansätze der Osteogenesis Imperfecta"*. Mühlheim a. M.: Deutsche Gesellschaft für Osteogenesis Imperfecta (Glasknochen) Betroffenen e.V. (Hg.).

Pontz Bertram F., 1989: *"Medizinische Grundlagen"*. In: Kommunikation zwischen Partnern: Osteogenesis Imperfecta (Glasknochenerkrankung). Düsseldorf: Bundesarbeitsgemeinschaft Hilfe für Behinderte (Hg.), 6-29.

Radtke Peter, 1985: *"Ein halbes Leben aus Glas"*. München: Verlag Dr. Johanna Vogel.

Radtke Peter, 1994: *"Karriere mit 99 Brüchen: Vom Rollstuhl auf die Bühne"*. Herder GmbH & Co, KG, Verlag, Freiburg, Germany, 3451042959.

Schulte-Kellinghaus Annette, 1998: *"Die psycho - soziale Situation von Geschwistern behinderter Kinder mit Osteogenesis imperfecta"*. Kleine Verlag, ISBN 3-89370-279-2.

Semler, Dr. Oliver Semler, 2002: *"Studien über Bisphosponate"*. Durchbruch. Mitteilungsblatt der Deutschen Gesellschaft für Osteogenesis Imperfecta (Glasknochen) Betroffenen e.V. 2/2002, 31.

Stöß Hartmut, 1990: *"Pathologische Anatomie der Osteogenesis Imperfecta"*. Stuttgart, New York: Gustav Fischer Verlag.

Ternes Marie-Luise; Pontz Bertram F., 1987: *"Kinder mit Osteogenesis Imperfecta"*. Betreuung und gesundheitsmedizinische Aspekte. Mühlheim a. M.: Deutsche Gesellschaft für Osteogenesis Imperfecta (Glasknochen) Betroffenen e.V. (Hg.).

Ternes Marie-Luise; Pontz Bertram F., 1988: *"Kinder mit Osteogenesis Imperfecta"*. Pädagogische und

psychosoziale Aspekte. Mühlheim a. M.: Deutsche Gesellschaft für Osteogenesis Imperfecta (Glasknochen) Betroffenen e.V. (Hg.).
Ugoljewa Sibylle, 1991: „Wachstums- und Entwicklungsstörungen bei Patienten mit Osteogenesis Imperfecta und deren Auswirkung auf das oro-faziale System". Ärztl. Jugendkd. 82, 115-118.
Vetter U.; Brenner R.; Teller W.M. u. a., 1989: „Osteogenesis Imperfecta. Neue Gesichtspunkte zu Grundlagen. Klinik und Therapie". Mühlheim a. M.: Deutsche Gesellschaft für Osteogenesis Imperfecta (Glasknochen) Betroffenen e.V. (Hg.).
Wallentin Ute, 1987: „Die psycho-soziale Situation der Eltern von Kindern mit Osteogenesis Imperfecta. Möglichkeiten der Hilfe und Selbsthilfe". Berichte zur Sozialarbeit/ Sozialpädagogik. Berichtreihe der Fachhochschule Coburg, Fachrichtung Sozialwesen. Heft 1.
Wallentin Ute, 1991: „Denn sie wissen, was sie tun...". Durchbruch. Mitteilungsblatt der Deutschen Gesellschaft für Osteogenesis Imperfecta (Glasknochen) Betroffenen e.V. 1/91, 28.
Westermann Rosel, 1989: „Pädagogische Überlegungen". In: Kommunikation zwischen Partnern. Osteogenesis Imperfecta (Glasknochenerkrankung). 29-43. Düsseldorf: Bundesarbeitsgemeinschaft Hilfe für Behinderte (Hg.).
Wetzel, Prof. Dr. W. E. Wetzel, 1998: „Zahn- und Mundbefunde bei Osteogenesis imperfecta". Hrsg. Dt. OI-Gesellsch., ISBN 3-932732-01-4.
Zumkeller, Dr. Zumkeller, 2003: „Die Behandlung der Osteogenesis Imperfecta mit Bisphosphonaten im Kindesalter". Durchbruch. Mitteilungsblatt der Deutschen Gesellschaft für Osteogenesis Imperfecta (Glasknochen) Betroffenen e.V. 1/2003, 22.